Renate Potzmann

Wie lerne ich erfolgreich?

Planvolles Lernen und Arbeiten in der Schule und zu Hause 3./4. Klasse

Mit Kopiervorlagen

Gedruckt auf umweltbewusst gefertigtem, chlorfrei gebleichtem
und alterungsbeständigem Papier.

1. Auflage 2009
Nach den seit 2006 amtlich gültigen Regelungen der Rechtschreibung
© by Brigg Pädagogik Verlag GmbH, Augsburg
Alle Rechte vorbehalten.

Originalausgabe: Bildungsverlag Lemberger
A-1170 Wien, www.lemberger.de

Covergestaltung und Illustrationen
Gernot Lauboeck, da
Graphik Design, wien
www.lauboeckdesign.at

ISBN 978-3-87101-407-9
www.brigg-paedagogik.de

Trainingsbausteine

Inhaltsverzeichnis

 # Grundkompetenzen und individuelle Lernförderung

Welche Methoden brauchen Grundschüler/-innen im Lernalltag?

In der Grundschule unterscheiden sich die Schülerinnen und Schüler hinsichtlich des Entwicklungsstandes, der Selbstständigkeit, der Motivation, des Vorwissens, der Lernfähigkeit und der Arbeitshaltung wie kaum in einer anderen Schulart.

Als Eingangsstufe des Schulwesens erfüllt die Grundschule folgende Aufgaben:

- *Die Kinder an systematisches Lernen heranzuführen*

- *sie zu befähigen, schulisch gewünschtes Leistungsverhalten von Anfang an erfolgreich anzuwenden*

- *Grundbausteine des erfolgreichen Lernverhaltens durch Lernförderung zu legen*

- *und Fähigkeiten und Fertigkeiten für den Lernalltag dieser Altersstufe aufzubauen*

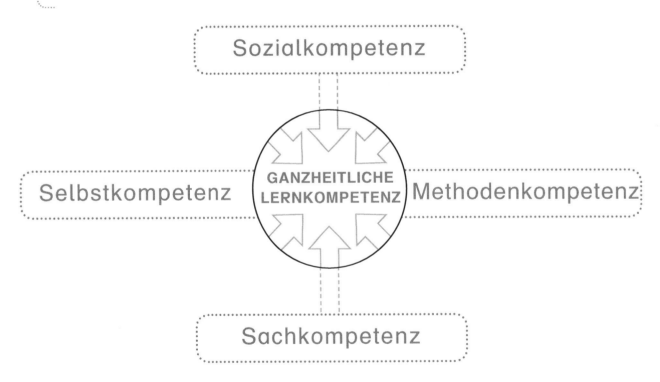

Schülerinnen und Schüler der Grundschule müssen möglichst früh dabei gefördert werden, sich selbstständig und zielstrebig neues Wissen anzueignen.

Das damit verbundene Ziel einer ganzheitlichen Lernkompetenz ruht auf dem Zusammenwirken von Selbstkompetenz, Sachkompetenz, Methodenkompetenz und Sozialkompetenz *[Eiko Jürgens (2006)]*.

Trainingsbausteine

Individuell fördern und differenzieren in der Grundschule

Der umfassende Bildungsauftrag der Grundschule setzt sich die individuelle Förderung eines jeden Kindes zum Ziel. Auf dem Weg zum selbstständigen Lernen und der Bereitschaft und Fähigkeit zu lebensbegleitendem Lernen benötigen die Schüler/-innen Wissen über Lernwege und Arbeitsweisen. Diese sollen durch Üben und Anwenden sicher verfügbar gemacht werden. Die Grundschule schafft auch Grundlagen für ein erfolgreiches Lernen in den weiterführenden Schulen.

Ausgehend von den individuellen Voraussetzungen der einzelnen Schülerinnen und Schüler, nennen die Bildungspläne als wichtige Aufgaben für die Grundschule die schrittweise Entwicklung einer entsprechenden Lern- und Arbeitshaltung: Ausdauer, Sorgfalt, Genauigkeit und Lernstrategien. Ziel ist die Hinführung zu bewusstem, selbstständigem, zielerreichendem Lernen.

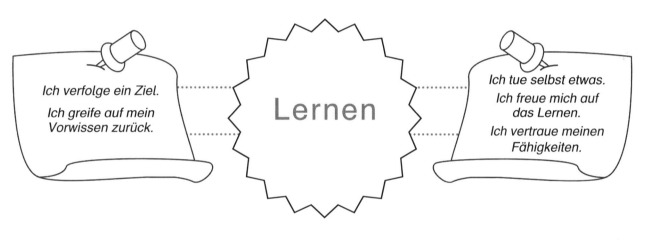

Nach Konrad/Wagner (1999): S. 6

Basiskompetenzen und systematischer Aufbau von Lernkompetenz

Dieses Praxisbuch bietet eine Fülle von Vorlagen und Übungen für Methodentraining in der 3./4. Klasse der Grundschule. Die Trainingsbausteine ermöglichen ein Förderprogramm, das

- *bei Schüler/-innen schrittweise eine erfolgreiche Lern- und Arbeitshaltung aufbaut,*

- *das Vertrauen der Schülerin und des Schülers in die eigene Leistungsfähigkeit stärkt und entwickelt (**Selbstbeobachtung und Selbsteinschätzung**),*

- *Schüler/-innen individuell auf selbstorganisiertes Lernen vorbereitet (**Checklisten**),*

- *individuelle Lernwege und Lernfortschritte dokumentiert (**Lerntagebuch, Portfolio**),*

- *Schüler/-innen anregt über Lernergebnisse individuell und in der Gruppe nachzudenken und eigene Lernwege zu finden (**Lernreflexion**),*

sicherstellt, dass alle Kinder im Lauf ihrer Grundschulzeit planmäßig elementare Methoden der Lernorganisation erwerben können (**Bildungsstandards für die Grundschule**),

durch Lernspiele (Puzzle, Lernkartei) und Rollenspiele den Lerninhalt spielerisch wiederholt,

Materialien bietet, die zu handlungsorientiertem Lernen anregen (**Ausschneidebogen, Lernkartei**) und bei offenen Lernformen eingesetzt werden können,

Schüler/-innen dabei fördert, Verantwortung für das eigene Lernverhalten zu übernehmen, dabei individuelle Vorgehensweisen und Lernwege zu finden und daher schneller, geordneter und vielleicht auch erfolgreicher zu lernen als bisher.

Das Programm unterstützt Lehrer/-innen und Eltern dabei,

☑ die Anwendung der Lern- und Arbeitstechniken zu fördern und durch regelmäßige Lernberatung zusätzliche Hilfen zu geben.

☑ sich aktiv an der Entwicklung der Arbeitshaltung zu beteiligen.

☑ den Übergang zu weiterführenden Schulen vorzubereiten und zu erleichtern.

Hinweise und Anregungen zur Arbeit mit den Arbeitsvorlagen

Die linken Seiten wurden für persönliche Notizen freigelassen. Die methodische Umsetzung unterliegt der Freiheit des Lehrers, der Lehrerin und der Eltern oder Lernbegleitung. Die vorgeschlagenen Sozialformen sind Empfehlungen der Autorin.

Lernreflexion in Gesprächen und Lernkonferenzen

Die Vorlagen für Selbst- und Fremdeinschätzung, die Checklisten, die Rollenspiele und die Arbeit mit dem Lerntagebuch sind Materialien für den **Erfahrungsaustausch in Gesprächen und Lernkonferenzen**. Jede Trainingsrunde (Lernkonferenz) gliedert sich in drei Teile:

Teil 1 I Brainstorming, Rückmeldungen zu einem bereits bearbeiteten Thema

Im ersten Teil erzählen die Schüler/-innen (evtl. im Stuhlkreis), wie sie bisher gearbeitet haben, Fragen werden gesammelt.

Dann geben die Schüler/-innen Rückmeldung darüber, wie sie mit einem in der vorhergehenden Lernkonferenz bearbeiteten Thema zurechtgekommen sind (z. B. Packen für den nächsten Schultag).

Teil 2 I *Vorstellen und Kennenlernen des neuen Themas*

Das neue Thema wird eingeführt oder Vorwissen mit Checklisten überprüft. Die ersten individuellen Versuche werden über einen vereinbarten Zeitraum begleitet. Dabei können auch Eltern als wichtige Wegbegleiter einbezogen werden.

Teil 3 I *Lernwege reflektieren und dokumentieren*

Da die Kinder sehr unterschiedliche und individuelle Lernerfahrungen mitbringen, sollte jede Schülerin und jeder Schüler die Möglichkeit erhalten, diese in einer Phase der Lernreflexion einzubringen. Auf diese Weise können die Kinder Ideen, Gedanken und Erfahrungen austauschen, über Lernwege und Lernergebnisse sprechen.

Nach Phasen der praktischen Erprobung haben die Kinder die Möglichkeit, ihre Erfahrungen in eigene Worte zu fassen und zu bewerten. Als Dokumentation für diese Lernreflexionen ist das **Lerntagebuch** gedacht.

Lerntagebuch mit Selbst- und Fremdeinschätzung

Auf der Seite des Lerntagebuchs hat die Lehrkraft oder die Lernbetreuung die Möglichkeit zu individuellen Rückmeldungen. Diese können als Ausgangspunkt und Grundlage für individuelle Beratungen und die Erstellung von **Förderplänen** dienen.

Jeder Baustein ist in sich abgeschlossen.

Jede Übungseinheit ist in sich abgeschlossen. Im Sinne der Individualisierung und Differenzierung kann die Reihenfolge der Einheiten individuell angepasst werden.

Zur übersichtlichen und planmäßigen Vorgehensweise gibt es die Möglichkeit, im Inhaltsverzeichnis die Reihenfolge der Bausteine zu nummerieren und – falls gewünscht – jeden bearbeiteten Baustein abzuhaken.

Die Bausteine berücksichtigen wichtige Erkenntnisse der Lernforschung und die **Vorgaben des Bildungsplans** der Grundschule in den Bereichen

Lerntechniken

Erhöhung von Lernmotivation und Lernbereitschaft

Lernorganisation

Die Themenbausteine können eingesetzt werden:

- *zur differenzierenden und individualisierenden Förderung und Lernberatung einzelner Schüler und Schülerinnen,*

- *für kleinere Gruppen mit ähnlichen Lernschwierigkeiten oder Themen,*

- *als ganzheitliches Lerntechniktraining,*

- *als Basistraining zur Erweiterung der Lernkompetenz in Projektform. Viele der Bausteine können als Station zur selbstständigen Arbeit beim Einsatz von offenen Lernformen (z. B. Lernkartei) vorbereitet werden.*

Rückmeldungen an die Autorin sind herzlich willkommen.
Haben Sie Vorschläge für Ergänzungen oder eigene Erfahrungen beim Einsatz des Buches in der Praxis gemacht? Senden Sie diese Rückmeldung an: **erfolgreichlernen@aon.at.**

Erklärung der Symbole

Checklisten

 Diese brauchst du, wenn du viel zu erledigen hast und nichts vergessen darfst. Checklisten helfen z. B. auch beim Kofferpacken für den Urlaub oder beim Überprüfen eines Flugzeugs vor dem Start.

Informationen

 Hier erfährst du Interessantes und Wissenswertes zu den Themen und zu den Lerntipps.

Tipp

 Der Tipp erklärt dir das Thema noch einmal und gibt dir noch zusätzliche Informationen dazu.

Üben

 Beim Üben überprüfst du, was du schon kannst und weißt. Du sollst auch überprüfen, ob es dir gelingt, dein Wissen in neuen Situationen anzuwenden.

Mein Lerntagebuch zur Selbstbeobachtung

 Tagebücher helfen dabei, eigene Erlebnisse, Gefühle und Gedanken aufzuschreiben. Da schreibst du hinein, was du gelernt hast oder was du noch lernen solltest. Damit kannst du deine Ziele überprüfen, die du dir für dein Lernen gesetzt hast.

Wozu?

 Hier erfährst du genauer, warum dieser Lerntipp wichtig ist.

 = Einzelarbeit   = Partnerarbeit   = in der Gruppe zu besprechen

 = schriftliche Übung   = ausschneiden

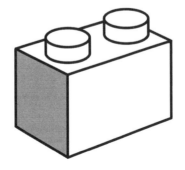 1. I Ich organisiere mein Lernen

1.1 Fragen zu meiner eigenen Arbeitsweise

Checkliste mit Fragen zu meiner eigenen Arbeitsweise

Mein Lerntagebuch zur Selbstbeobachtung

Checkliste

 ## 1. I Ich organisiere mein Lernen
Checkliste mit Fragen zu meiner eigenen Arbeitsweise

Wozu sollst du das tun?

Dieses Lerntraining soll eine Hilfe für dich sein, deine eigene Arbeitsweise kennenzulernen und sie dort – wo nötig – auch zu verbessern. Du kannst viele Anregungen und Tipps erwarten. Ich lade dich ein, deine bisherigen Methoden zu überprüfen. Dies kann eine Hilfe sein, damit du für die Schule besser alleine arbeiten kannst. Damit hast du mehr Erfolg beim Lernen und Arbeiten.

Das kann ich	sehr gut	gut	das möchte ich besser machen
1. mich bei der Arbeit konzentrieren			
2. im Unterricht gut zuhören			
3. meine Hefte und Mitschriften in Ordnung halten			
4. alle meine Aufgaben erledigen			
5. alle notwendigen Arbeitswerkzeuge haben (Bleistift, Buntstifte, Radierer, ...)			
6. lesen und dann wissen was in einem Text steht			
7. Ordnung an meinem Arbeitsplatz halten			
8. für einen Test/eine Schularbeit die Zeit einteilen			
9. einen Sinn im Lernen sehen			
10. Lernstoff lernen			
11. Arbeiten und Lernen, auch wenn es mir gerade keinen Spaß macht			
12. schriftliche Arbeitsaufträge verstehen			

Bei diesen drei Punkten möchte ich mein Lernverhalten ändern. Schreibe sie auf!

1 ....

2 ....

3 ....

Mein Lerntagebuch zur Selbstbeobachtung

 1. I Ich organisiere mein Lernen
Mein Lerntagebuch zur Selbstbeobachtung

Datum: ....

Thema: ....

Schuljahr: ....

Thema I Test: ....

am Anfang

Das weiß ich schon:

....

....

....

....

....

....

Das meint mein/e Lernberater/-in:

....

....

....

....

....

....

am Ende

Das habe ich dazugelernt:

....

....

....

....

....

Das kann ich jetzt schon besser:

....

....

....

....

Potzmann: Wie lerne ich erfolgreich? 3./4. Klasse © Brigg Pädagogik Verlag GmbH, Augsburg

 **Trainingsbausteine**

1. | Ich organisiere mein Lernen

1.2 Hefteinträge übersichtlich gestalten

- Zur gut gestalteten Heftseite
- Zur gut gestalteten Heftseite – Lösungsvorschläge
- Layout (Gestalten) einer Heftseite
- Tipps für den Umgang mit Heften
- Mein Lerntagebuch zur Selbstbeobachtung

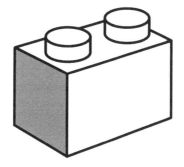

Üben

 1.2 | Hefteinträge übersichtlich gestalten
Zur gut gestalteten Heftseite

Was würdest du an dieser Heftseite besser machen?

> 12.04. Satzzeichen
> Hast du den Blitz gesehen?
> Ich habe diese Liebe gestern gekauft.
> Ich habe im Augenblick keine Zeit.
> Schau, da ist ein Fleck auf
> deiner Hose! Macht euch nicht
> schmutzig.   Ich
> gebe dir dein Heft gleich zurück.
> Mona steckt den Brief von Lorenz
> in ihre Schultasche.

So sollte die Seite aussehen:

....

....

....

....

....

....

Üben

1.2 I Hefteinträge übersichtlich gestalten
Zur gut gestalteten Heftseite

Warum und wie hilft dir eine gute Heftgestaltung?

....

....

....

....

....

....

....

**Überlege, was du an deiner Heftgestaltung verbessern möchtest.
Wähle daraus mindestens ein Ziel und unterstreiche es!**

....

....

....

....

 **Trainingsbausteine**

1.2 | Hefteinträge übersichtlich gestalten
Zur gut gestalteten Heftseite – Lösungsvorschläge

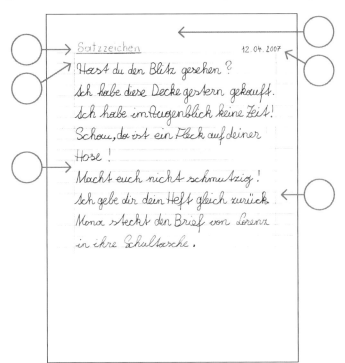

Hier ein gutes Beispiel. Schreibe die richtige Nummer dazu.

1. Ich lasse zur vorigen Übung Zeilen frei.

2. Ich schreibe das Datum rechts in die Zeile.

3. Die Überschrift schreibe ich mit Buntstift (Faserstift, Glitzerstift, ...).

4. Nach der Überschrift lasse ich eine Zeile frei.

5. Ich beginne den Text am Anfang der Zeile, aber ich beginne nicht jeden Satz in einer neuen Zeile.

6. Ich schreibe nur bis an das Zeilenende.

Ich schreibe richtig und genau von der Tafel ab.

Wenn ich Fehler mache, schreibe ich nicht darüber, sondern radiere oder verwende den Tintenkiller.

Lässt sich der Fehler nicht radieren oder mit Tintenkiller löschen, streiche ich mit Lineal durch.

Ich arbeite zügig, lasse mir aber genug Zeit, um genau und leserlich zu schreiben.

Information

 1.2 | Hefteinträge übersichtlich gestalten
Tipps für den Umgang mit Heften

Wozu ein Heft gut führen?

Ein gut geführtes Heft erleichtert das Lernen. Das Heft ist wichtig

 beim Vorbereiten von Tests und von Stundenwiederholungen

 und zum Nachschauen für Hausaufgaben.

Sammle deine Hefte in einem Regal. Du brauchst sie vielleicht später zum Wiederholen und Nachschauen, beim Üben und Lernen.

Stecke deine Hefte in einen Hefteinband. Lege deine Hefte in eine Heftmappe. Dies hilft dir beim Packen der Schultasche und beim Finden des Hefts.

Wie ist es dir dabei gegangen? Schreibe einige Sätze dazu auf.

Versuche bei der nächsten Hausaufgabe oder Übung in der Klasse diese Tipps zum Thema Heftgestaltung schon zu beachten.

Potzmann: Wie lerne ich erfolgreich? 3./4. Klasse © Brigg Pädagogik Verlag GmbH, Augsburg

Trainingsbausteine

Mein Lerntagebuch zur Selbstbeobachtung

Thema: Heftgestaltung

am Anfang

Das weiß ich schon:

Das meint mein/e Lernberater/-in

am Ende

Das habe ich dazugelernt:

Das kann ich jetzt schon besser:

**rainingsbausteine**

1. I Ich organisiere mein Lernen

1.3 Mein Arbeitsplatz zu Hause

- Fragen zu meinem Arbeitsplatz zu Hause
- Peters Arbeitsplatz verbessern
- Ein Traumarbeitsplatz
- Meine Werkzeug- und Materialliste überprüfen
- Checkliste zu meinem Arbeitsplatz zu Hause
- Mein Lerntagebuch zur Selbstbeobachtung

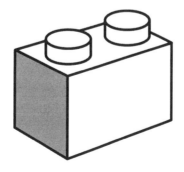

Checkliste

 1.3 | Mein Arbeitsplatz zu Hause
Fragen zu meinem Arbeitsplatz zu Hause

**Erzähle deiner Sitznachbarin/deinem Sitznachbarn
über deinen Arbeitsplatz zu Hause. Beantwortet dazu diese Fragen:**

Wo hast du zu Hause Platz zum Lernen?

Wer bestimmt, an welchem Platz du arbeiten kannst?

*Zu welcher Tageszeit ist dieser Platz geeignet und wann ist er weniger
geeignet zum Lernen?*

Ist es dort ruhig? Was kannst du dort hören?

Wie ist dieser Platz beleuchtet?

Wie riecht es dort?

Hast du diesen Platz allein oder teilst du ihn mit anderen?

Ist dieser Platz zu groß/zu klein oder fehlt etwas?

Was möchtest du sonst noch dazu erzählen?

Besprecht nun diese Fragen:

1. | Was gefällt deinem Sitznachbarn/deiner Sitznachbarin am eigenen Arbeitsplatz?

2. | Was gefällt ihr/ihm nicht an diesem Arbeitsplatz?

3. | Berichte deiner Klasse darüber.

Potzmann: Wie lerne ich erfolgreich? 3./4. Klasse © Brigg Pädagogik Verlag GmbH, Augsburg

Üben

 1.3 | Mein Arbeitsplatz zu Hause
Peters Arbeitsplatz verbessern

Schau dir diesen Arbeitsplatz genau an.
Manches stört beim Arbeiten.

> • Spielzeugauto • Teddybär • Legoteile • Spielfigur • Pizzastück • Federmäppchen
> • Joghurtbecher • Getränkeflasche • MP3-Player • Gameboy • Heft • Bleistift
> • Ordner • Schultasche • Stundenplan • Fußball

Gehört in das Regal: _____

Gehört in die Schublade: _____

Gehört in die Schultasche: _____

Gehört auf den Tisch in Griffweite: _____

Gehört neben den Tisch: _____

Was fällt euch sonst noch auf? Fehlt etwas?
Wo könnte ein Computer stehen?

1.3 | Mein Arbeitsplatz zu Hause
Ein Traumarbeitsplatz

Diese Sachen solltest du immer in der Nähe deines Arbeitsplatzes haben.
Das hilft, unnötiges Aufstehen und Suchen zu vermeiden:

Papier:
> Stundenplan, Kalender, Schreibblock, Elternheft, Aufgabenheft

Schreibsachen:
> Bleistifte, Buntstifte oder Filzstifte, Füller, Patronen, Radiergummi,
> Tintenkiller, Bleistiftspitzer

Werkzeug:
> Lineal, Geodreieck, Schere, Klebstoff

Ordnungshalter:
> Ordner, Plastikhefter, Klarsichthüllen, Klebezettelchen (Post-it®), Pinnwand,
> großer Papierkorb, Bücherregal

Bücher:
> Wörterbuch, Schulbücher

Sonstiges: ....

 **Trainingsbausteine**

 ## 1.3 I Mein Arbeitsplatz zu Hause
Meine Werkzeug- und Materialliste überprüfen

Mit dieser Liste kannst du überprüfen, in welchem Zustand deine Arbeitsmittel sind. Kontrolliere dazu deine Schultasche und dein Federmäppchen! Besorge fehlende Sachen.

Arbeitsmittel	Zustand gut	Zustand schlecht	fehlt	besorgt am
Schere				
Füller				
Ersatzpatronen				
Bleistift				
Ersatzbleistift				
Spitzer				
Lineal				
Geodreieck				
Filzstifte				
Ordner				
Klarsichthüllen				
Wörterbuch				
Schreibblock				
Klebstoff				

Information

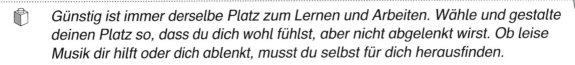 1.3 | Mein Arbeitsplatz zu Hause
Tipps zum guten Arbeitsplatz

Günstig ist immer derselbe Platz zum Lernen und Arbeiten. Wähle und gestalte deinen Platz so, dass du dich wohl fühlst, aber nicht abgelenkt wirst. Ob leise Musik dir hilft oder dich ablenkt, musst du selbst für dich herausfinden.

Am Arbeitsplatz soll nur liegen, was du gerade zum Lernen brauchst. Material für deine Hobbys, Spielzeug oder Sonstiges gehören während der Arbeitszeit nicht auf den Tisch. Durch Holen und Suchen verlierst du Zeit und wirst immer wieder abgelenkt.

Ein Regal zur Ablage von Heften oder Büchern sollte in der Nähe sein.

Eine Pinnwand zum Anheften von Post-it® oder Blättern wäre günstig.

Wenn du kein eigenes Zimmer zum Arbeiten hast, bitte um Ruhe beim Lernen.

Nicht alle Schüler/-innen haben zu Hause einen eigenen Arbeitsplatz. Manche Kinder müssen ihren Arbeitsplatz mit anderen teilen. Wenn du kein eigenes Zimmer hast, versuche in der Wohnung einen angenehmen Platz zu finden.

Zeichne oder beschreibe deinen Traumarbeitsplatz.

 1.3 | Mein Arbeitsplatz zu Hause
Checkliste zu meinem eigenen Arbeitsplatz

Stell dir deinen Arbeitsplatz genau vor.
Finde heraus, was daran gut und angenehm ist.
Gibt es etwas, das du verändern willst?

Kreuze in der Liste an, was für dich zutrifft.

	ja	nein	gut/angenehm	das möchte ich ändern
fester Arbeitsplatz				
Regal vorhanden				
nur Sachen, die ich zum Lernen brauche				
geeigneter Stuhl				
richtige Tischhöhe				
gutes und richtiges Licht				
Wörterbücher greifbar				
Papierkorb				
Pinnwand/Lernplakat				
Kalender				
Stundenplan				
Schreibsachen greifbar				
Ich fühle mich wohl an meinem Arbeitsplatz.				

Überlege was du verändern möchtest.
Besprich deine Wünsche mit deinem Vater/deiner Mutter/deiner Schwester, ...

Das kann ich leicht verändern:

Trainingsbausteine

Mein Lerntagebuch zur Selbstbeobachtung

Thema: Arbeitsplatz zu Hause

am Anfang

Das weiß ich schon:

Das meint mein/e Lernberater/-in:

am Ende

Das habe ich dazugelernt:

Das kann ich jetzt schon besser:

Trainingsbausteine

1. I Ich organisiere mein Lernen

1.4 Tipps zum Arbeitsplatz Schule

- Verhalten im Unterricht
- Vorbereiten auf den nächsten Unterrichtstag
- Checkliste für den nächsten Schultag
- Mein Lerntagebuch zur Selbstbeobachtung

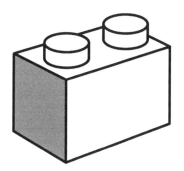

 **Trainingsbausteine**

Information

 1.4 | Tipps zum Arbeitsplatz Schule
Verhalten im Unterricht

Wenn du im Unterricht überlegt mitarbeitest,
erleichterst du dir das Lernen sowohl in der Schule als auch zu Hause.
Worauf kommt es da an? Dazu gibt es hier einige Vorschläge.
Zeichne ein grünes lächelndes Smiley: Darauf achte ich immer.
Zeichne ein rotes besorgtes Smiley: Hier möchte ich mich verbessern.

	☺	☹	
1			Ich höre im Unterricht aktiv zu. Das ist das Geheimnis guter Schüler/-innen.
2			Ich frage noch einmal, wenn ich etwas nicht (ganz) verstanden habe.
3			Ich frage, damit es etwas zum Lachen gibt und verderbe mir und den Mitschüler/-innen dadurch die Chance auf mehr Erklärungen.
4			Ich schreibe immer das Datum auf Arbeitsblätter. Das hilft mir beim Suchen und Ordnen. Ich ordne sie so bald wie möglich ein oder klebe sie ein.
5			Ich übertrage alles von der Tafel vollständig ins Heft. Ich fülle Arbeitsblätter vollständig aus.
6			Ich bitte meinen Lehrer/meine Lehrerin, den Text etwas länger stehen zu lassen, wenn ich mehr Zeit brauche. Ich nütze Pausen zum Fertigschreiben.
7			Ich kontrolliere meinen abgeschriebenen Text auf Fehler und bessere diese sofort aus. Ich verbessere auch meine Aufgaben und Übungen.
8			Ich passe öfter nicht auf, ich lasse mich leicht ablenken.
9			Im Heft oder auf dem Arbeitsblatt fehlen Teile.
10			Ich vergesse oft Bücher, Hefte, Unterlagen oder Schreibsachen.
11			Im Fach unter dem Tisch oder in der Schultasche liegen Blätter herum. Durch langes Suchen verliere ich viel Zeit.
12			Ich packe meine Schultasche am Vortag. Dadurch habe ich mit, was ich brauche.

Was kannst du schon gut? Was möchtest du in nächster Zeit verbessern?

Potzmann: Wie lerne ich erfolgreich? 3./4. Klasse © Brigg Pädagogik Verlag GmbH, Augsburg

Üben

1.4 I Tipps zum Arbeitsplatz Schule
Vorbereiten auf den nächsten Unterrichtstag

Zwei Schüler/-innen spielen in einem Rollenspiel vor, was passiert, wenn ein Schüler, eine Schülerin, nicht gut vorbereitet in den Unterricht kommt. Schreibt in Stichworten auf, was ihr beobachtet. (Gefühle der Lehrer/-innen, der Betroffenen, Reaktionen von Mitschüler/-innen, verwendete Wörter, Folgen, ...)

Szene 1: Peter hat seine Hausaufgaben nicht gemacht.

Szene 2: Ayse hat ihre Turnsachen vergessen.

Szene 3: Leon hat keine Schere und keinen Kleber für die Zeichenstunde dabei. Es stand aber im Hausaufgaben- oder Elternheft.

Gebt selbst Tipps, wie man sich gut auf den nächsten Schultag vorbereitet. Schreibt diese in Stichwörtern auf.

Wie bereitest du dich auf den nächsten Unterrichtstag vor? Schreibe dies in Stichwörtern in die Tabelle. Was ist in Ordnung, was solltest du verändern?

Damit bin ich zufrieden	Das sollte ich verbessern

Vergleicht und besprecht eure Ergebnisse. Dann überprüft die gefundenen Punkte mit der Checkliste auf der nächsten Seite. Ergänzt die Liste, wenn es notwendig ist.

Potzmann: Wie lerne ich erfolgreich? 3./4. Klasse © Brigg Pädagogik Verlag GmbH, Augsburg

Trainingsbausteine

Checkliste

1.4 I Tipps zum Arbeitsplatz Schule
Checkliste für den nächsten Schultag

- ☐ *Den Stundenplan für den nächsten Schultag ansehen.*
- ☐ *Eintragungen im Hausaufgabenheft lesen.*
- ☐ *Erledigte Aufgaben abhaken.*
- ☐ *Sind alle Vorbereitungen für den nächsten Tag gemacht?*
- ☐ *Eintragungen im Elternheft/Hausaufgabenheft unterschreiben lassen.*
- ☐ *Bücher/Mappen/Hefte für den nächsten Tag einpacken.*
- ☐ *Den Inhalt des Federmäppchens kontrollieren.*
- ☐ *Sind die Stifte gespitzt?*
- ☐ *Habe ich Tintenpatronen?*
- ☐ *Falls notwendig, die Turnsachen bereitlegen.*
- ☐ *Der Wecker ist auf die richtige Aufstehzeit eingestellt.*
- ☐ *Ich habe Reste des Pausenbrots, gebrauchte Taschentücher, … ausgeräumt.*

Sonst noch zu beachten

- ☐ _____
- ☐ _____
- ☐ _____
- ☐ _____

Mache dir von dieser Liste eine Kopie und hänge sie gut sichtbar auf!

Trainingsbausteine

Mein Lerntagebuch zur Selbstbeobachtung

Thema: Vorbereitung auf den nächsten Schultag

am Anfang

Das weiß ich schon:

Das meint mein/e Lernberater/-in:

am Ende

Das habe ich dazugelernt:

Das kann ich jetzt schon besser:

1. I Ich organisiere mein Lernen

1.5 Arbeitsschritte planen

- Checkliste: Selbsteinschätzung zur Arbeitsplanung
- Schaubild, zu welcher Zeit Schüler/-innen Aufgaben machen
- Schaubild zur Dauer von Aufgaben
- Zeitdauer meiner Arbeit selbst einschätzen
- Checkliste zur Dauer meiner Arbeit erstellen
- Arbeitsschritte ordnen
- Trainingsplan für einen Arbeitsablauf erstellen
  Ausschneidebogen
  Aufklebebogen
  Vorschlag für eine Reihenfolge
- Tipps zur Arbeitsplanung
- Übungstext: Marians Geschichte
- Mein Lerntagebuch zur Selbsteinschätzung

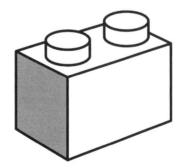

Trainingsbausteine

Checkliste

 1.5 I Arbeitsschritte planen

Checkliste: Selbsteinschätzung zur Arbeitsplanung

**Überprüfe diese Fragen auf ihre Richtigkeit.
Kreuze dazu „ja", „nein" oder „meistens" an.**

Selbsteinschätzung	ja	nein	meistens
Teile ich mir die Zeit für meine Arbeiten ein?			
Nehme ich alle Unterlagen, die ich benötige, mit nach Hause?			
Lege ich die notwendigen Materialien auf meinen Arbeitsplatz?			
Lasse ich meine Aufgaben von einer/einem Erwachsenen kontrollieren?			
Benötige ich bei der Aufgabe Hilfe von einer/einem Erwachsenen?			
Schätze ich die Arbeitsdauer meiner Aufgaben ein?			
Mache ich Pausen während der Arbeitszeit?			
Arbeite ich immer am gleichen Arbeitsplatz?			
Lerne/arbeite ich meist zur gleichen Zeit?			
Lese ich die Aufgabenstellung genau durch, bevor ich beginne?			
Beginne ich mit den leichten Aufgaben?			
Mache ich die schwierigen Aufgaben zuerst?			
Brauche ich Hilfe bei den Aufgaben?			
Lasse ich mich ablenken? Was/Wer lenkt mich ab?			
Brauche ich lange, bis ich mit der Arbeit anfange?			
Gebe ich Aufgaben rechtzeitig ab?			
Bin ich oft zu müde um zu arbeiten?			

rainingsbausteine

Information

 1.5 | Arbeitsschritte planen
Zu welcher Zeit Schüler/-innen Aufgaben machen

100 Schüler/-innen wurden befragt, zu welcher Uhrzeit sie am liebsten ihre Aufgaben machen. Ihre Antworten kannst du auf dem Säulendiagramm ablesen.

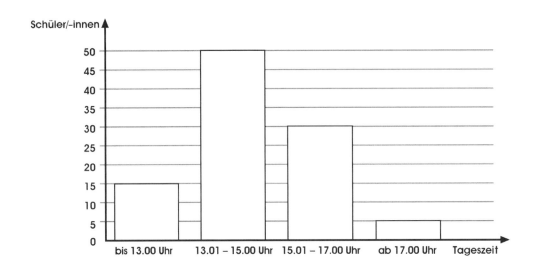

Literatur: Gölz 1993, S. 106

Trage die Zahlen in den Lückentext ein.

Von den Befragten machen die meisten Schüler/-innen, es sind _____ ,

ihre Hausaufgaben am liebsten zwischen _____ und _____ Uhr.

30 der Schüler/-innen machen ihre Aufgaben zwischen _____ und

_____ Uhr. Bis 13 Uhr erledigen _____ Schüler/-innen die Aufgaben.

Nur _____ Schüler/-innen machen die Aufgaben ab 17 Uhr.

Um welche Zeit machst du gerne deine Vorbereitungen für die Schule?

Führt eine Befragung in eurer Klasse durch.
Erstellt aus den Ergebnissen ein eigenes Schaubild!

Potzmann: Wie lerne ich erfolgreich? 3./4. Klasse © Brigg Pädagogik Verlag GmbH, Augsburg

Trainingsbausteine

Information

 1.5 | Arbeitsschritte planen
Schaubild zur Dauer von Hausaufgaben

100 Schüler/-innen wurden zur Dauer ihrer Aufgaben befragt.

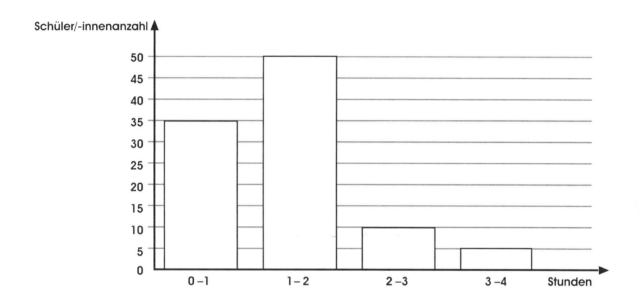

Quelle: Gölz 1993, S. 107

Jetzt beantworte die Fragen:

Wie viele Schüler/-innen (von 100 insgesamt)
benötigen 1 – 2 Stunden für ihre Aufgaben?

Wie viele Schüler/-innen brauchen bis zu einer Stunde?

Wie viele Schüler/-innen brauchen 2 – 3 Stunden?

Wie viele Schüler/-innen brauchen 3 – 4 Stunden?

Checkliste

 1.5 I Arbeitsschritte planen
Zeitdauer meiner Arbeit selbst einschätzen

Zeit	Fach	Art der Aufgabe	Geschätzte Dauer	Tatsächl. Dauer	Anmerkungen
15.00-15.15	SU	Bundesländer lernen	5 min	15 min	war leicht
15.15-15.45	M	vier Textbeispiele rechnen	20 min	30 min	Anruf Peter, Störung
15.45-16.15	D	ein Kapitel des Buches lesen	20 min	30 min	ich lese das Buch ungern

Bevor du deine täglichen Arbeiten beginnst,
schätze einmal, wie viel Zeit du jeweils für Mathematik, Deutsch usw. an einem Tag
brauchst. Schreibe die geschätzte Minutenanzahl in die Tabelle. Stoppe die Zeit, die
du wirklich gebraucht hast. Mache dies eine Woche lang und vergleiche dann, ob du
Zeiten gut schätzen kannst.
Du kannst dazu die nächste Seite kopieren und verwenden oder auch deine eigene
Liste mit dem Computer erstellen!

**Vergleicht und besprecht die Ergebnisse.
Wo gibt es Ähnlichkeiten, wo Unterschiede?**

Checkliste

 ### 1.5 | **Arbeitsschritte planen**
Checkliste meiner eigenen Arbeit erstellen

Zeit	Fach	Art der Aufgabe	Geschätzte Dauer	Tatsächl. Dauer	Anmerkungen

Potzmann: Wie lerne ich erfolgreich? 3./4. Klasse © Brigg Pädagogik Verlag GmbH, Augsburg

Trainingsbausteine

 ## 1.5 | **Arbeitsschritte planen**
Arbeitsschritte ordnen

TIPP 1:
Teile Aufgaben oder Lernstoff in kleine Einheiten auf. Schreibe jede Aufgabe auf einen Zettel. Hänge den Zettel an deine Pinnwand und nimm jede erledigte Aufgabe weg. So hast du immer ein kleines Erfolgserlebnis.

Deutsch:
Sätze ergänzen

SU:
Baderegeln
lernen

S. 147
Mathematik
2.2 u. 3.4

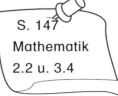

TIPP 2:
Du kannst natürlich die erledigte Aufgabe auch im Aufgabenheft abhaken.

TIPP 3:
Sorge während der Arbeiten für Abwechslung bei den Lerninhalten. Günstig wäre es dabei, nach folgenden Überlegungen vorzugehen:

- *schriftlich | etwas malen | rechnen | lesen | mündlich*

- *Was macht mir Spaß? Was mache ich ungern?*

- *Was dauert lang? Was dauert kurz?*

- *Was bereite ich für das nächste Quiz, die nächste Schularbeit vor?*

- *Was will ich noch besonders üben?*

Analysiere diese Informationen und kreuze an: Tipp 1 Tipp 2 Tipp 3

Diesen Tipp halte ich für wichtig: ☐ ☐ ☐

Mit diesem Tipp habe ich bereits Erfahrungen gemacht: ☐ ☐ ☐

Diese Idee möchte ich einmal ausprobieren: ☐ ☐ ☐

 **Trainingsbausteine**

Üben

1.5 | Arbeitsschritte planen

Trainingsplan für einen Arbeitsablauf zum Ausschneiden für den Aufklebebogen

Schneidet die Sätze aus.
Ordnet die Sätze in einer Reihenfolge von 1 bis 11.
Klebt die Sätze in dieser Reihenfolge auf die nächste Seite.

Ich streiche in meinem Aufgabenheft/Kalender die fertige Aufgabe durch.

Ich räume die Materialien dieser Aufgabe vom Arbeitsplatz.

Ich lege die benötigten Materialien für die Arbeit zurecht.

Ich schreibe Aufgaben ins Aufgabenheft/in einen Kalender.

Vor Arbeitsbeginn schaue ich ins Aufgabenheft/in den Kalender.

Ich beginne mit einer Aufgabe, die mir leicht fällt.

Wenn ich fertig bin, lege ich die Materialien für den nächsten Tag zurecht. Dabei schaue ich auf den Stundenplan/Kalender.

Ich führe die angefangene Aufgabe zu Ende, bevor ich die nächste beginne.

Ich erledige die Aufgabe an dem Tag, an dem sie aufgegeben wurde.

Nach der erledigten Aufgabe mache ich eine kleine Pause.

Ich plane die Reihenfolge der Arbeiten.

Trainingsbausteine

Üben

 1.5 | Arbeitsschritte planen
Trainingsplan für einen Arbeitsablauf – Aufklebebogen

1	
2	
3	
4	
5	
6	
7	
8	
9	
10	
11	

**Vergleicht eure Lösung mit dem Vorschlag auf der nächsten Seite.
Besprecht Unterschiede. Begründet eure Entscheidungen.**

Potzmann: Wie lerne ich erfolgreich? 3./4. Klasse © Brigg Pädagogik Verlag GmbH, Augsburg

 **Trainingsbausteine**

Üben

 1.5 I **Arbeitsschritte planen**
Trainingsplan für einen Arbeitsablauf – Vorschlag für eine Reihenfolge

1	Ich schreibe Aufgaben ins Aufgabenheft/in einen Kalender.
2	Ich erledige die Aufgabe an dem Tag, an dem sie aufgegeben wurde.
3	Vor Arbeitsbeginn schaue ich ins Aufgabenheft/in den Kalender.
4	Ich plane die Reihenfolge der Arbeiten.
5	Ich beginne mit einer Aufgabe, die mir leicht fällt.
6	Ich lege die benötigten Materialien für die Arbeit zurecht.
7	Ich führe die angefangene Aufgabe zu Ende, bevor ich die nächste beginne.
8	Ich streiche in meinem Aufgabenheft/Kalender die fertige Aufgabe durch.
9	Ich räume die Materialien dieser Aufgabe vom Arbeitsplatz.
10	Nach der erledigten Aufgabe mache ich eine kleine Pause.
11	Wenn ich fertig bin, lege ich die Materialien für den nächsten Tag zurecht. Dabei schaue ich auf den Stundenplan.

Üben

 ## 1.5 I Arbeitsschritte planen

Tipps zur Arbeitsplanung

Vergleiche diese Tipps mit deinen persönlichen Erfahrungen und bewerte sie. Male dazu das Kästchen aus:

Grün = wichtig
Gelb = bin mir nicht sicher, ob das was bringt
Rot = eher unwichtig

	meine Erfahrungen	die Erfahrungen des Partners/ der Partnerin
Zuerst lege dir alles zurecht, was du für die Aufgaben brauchst.	☐	☐
Teile dir Aufgaben und Lernen in Portionen ein. Wechsle dabei leichte und schwierige und schriftliche und mündliche Aufgaben ab.	☐	☐
Beginne mit einer leichten oder interessanten Aufgabe.	☐	☐
Nach Mahlzeiten ist die Leistungsfähigkeit geringer. Mach daher zwischen Essen und Arbeiten eine Pause.	☐	☐
Plane mehrere kurze Pausen ein, das ist besser als eine lange Pause.	☐	☐
Das Ordnen der Schultasche und das Aufräumen des Arbeitsplatzes gehören auch zum richtig organisierten Lernen.	☐	☐
Es ist besser, Arbeiten schnell zu erledigen als zu trödeln und sie aufzuschieben.	☐	☐
Nimm dir für die Zeit nach der Aufgabe etwas vor, worauf du dich freust.	☐	☐

Versuche an einem festen Arbeitsplatz auch zu festen Lernzeiten deine Aufgaben zu machen. Dadurch kann sich dein Körper und dein Denken besser auf das Lernen einstellen.

Potzmann: Wie lerne ich erfolgreich? 3./4. Klasse © Brigg Pädagogik Verlag GmbH, Augsburg

Üben

1.5 I Arbeitsschritte planen
Übungstext: Marians Geschichte

Marian geht von der Schule nach Hause und denkt sich: „Meine Lehrerin ist echt gemein. Ich vergesse zwei Sachen und das schreibt sie gleich ins Elternheft." Zu Hause zeigt er seiner Mutter das Elternheft. Sie wird ärgerlich und sagt ihm mit lauter Stimme: „Bitte mach sofort deine Hausaufgaben!" Marian geht in sein Zimmer und überlegt. „Also, ich habe Aufgaben in Mathe, Deutsch und Sachunterricht. Ich glaube, ich beginne mit Deutsch, Mathe kann ich auch in der Schule abschreiben. Ich möchte heute Nachmittag noch meinen Freund Mathias treffen." Er sagt sich: „Schnell, ich mache jetzt Deutsch."

Gerade hat er das Heft aufgeschlagen, da ruft ihn Hari aus seiner Klasse an. Marian denkt sich: „Kann ja nicht lange dauern" und hebt ab. „Hallo, ich bin's, Hari. Ich wollte dich fragen wie Deutsch geht." „Da musst du einfach nur die Sätze aus dem Buch verbinden", antwortet Marian. „Ich weiß", meint Hari, „aber kannst du mir die Sätze sagen?" „Nein, kann ich nicht, ich habe es sehr eilig. Diese Sätze kannst du doch wirklich selbst versuchen." „Ich weiß, aber ..." Und so geht das Gespräch noch ungefähr zehn Minuten weiter. Als sie endlich fertig sind, macht Marian die Deutschaufgabe. Als er das Heft weggepackt hat, denkt er daran, dass seine Mutter sein unordentliches Zimmer sicher nicht mögen wird. Er räumt also ein bisschen auf. Dabei fällt sein Blick auf sein neues Playstation-Spiel und schon beginnt er zu spielen. Er denkt sich: „Ich spiele noch ein wenig, dann fange ich gleich wieder mit den Hausaufgaben an." Eine halbe Stunde später schreit er plötzlich: „Aaaaah! Die Hausaufgaben für den Sachunterricht! Ich muss in 15 Minuten gehen." Er schreibt die Sätze ganz schnell auf. Er schreibt unleserlich und sieht auch einige Fehler. Er möchte aber jetzt zu Mathias gehen. Mathematik wird er in der Schule abschreiben.

Überlegt und unterstreicht mit grünem Stift, was Marian eurer Meinung nach gut macht. Unterstreicht mit rotem Stift, was zu verbessern wäre.

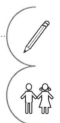

Schreibt drei Tipps auf, die ihr Marian geben könnt, damit sich an seiner Situation etwas ändert.

TIPP 1

TIPP 2

TIPP 3

Trainingsbausteine

Mein Lerntagebuch zur Selbstbeobachtung

Thema: Arbeitsplanung

am Anfang

Das weiß ich schon:

Das meint mein/e Lernberater/-in

....
....
....
....
....
....

am Ende

Das habe ich dazugelernt:

....
....
....
....
....
....
....

Das kann ich jetzt schon besser:

....
....
....
....
....

2. I Methoden zur Aufnahme von Information

2.1 Genaues Beobachten und Sehen üben

- Fragen beantworten
- Angaben genau durchlesen – der Leistungstest
- Augentraining – Linien mit den Augen verfolgen
- Mein Lerntagebuch zur Selbstbeobachtung

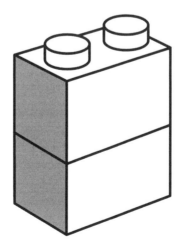

2.1 I Genaues Beobachten und Sehen üben
Fragen beantworten

**Betrachte die Bilder zwei Minuten lang.
Dann blättere um und beantworte die Fragen ohne nachzusehen!**

Nach Hinkelday 2002, S. 99

2.1 I Genaues Beobachten und Sehen üben
Fragen beantworten

Beantworte die Fragen ohne nachzusehen!

Ist der Rucksack offen oder geschlossen?

Was hält der Zwerg in der Hand?

Wie viele Kerzen stecken auf der Torte?

Wie viele Rollen hat ein Rollschuh?

Stehen in der Klasse fünf oder sechs Tische?

Welche Rechnung steht an der Tafel?

Welches Spielzeug liegt auf einem Tisch?

Wie viele Stühle befinden sich im Klassenzimmer?

Üben

 2.1 | Genaues Beobachten und Sehen üben

Angaben genau durchlesen

Du brauchst eine Stoppuhr, einen Bleistift und deinen Füller.

Der Leistungstest:
Du hast drei Minuten Zeit für diese Aufgabe!

1.| Lies zuerst alle Punkte genau durch.

2.| Schreibe deinen Vornamen mit Füller rechts oben auf diese Seite.

3.| Kreise im vorigen Satz das Wort „schreibe" ein.

4.| Zeichne fünf kleine Kreise in die linke obere Ecke der Seite.

5.| Schreibe dein Geburtsdatum in die rechte untere Ecke der Seite.

6.| Jetzt sage laut deinen Vornamen.

7.| Welche Farbe haben deine Schuhe?

8.| Hast du einen Computer zu Hause?

9.| Wie oft hast du in dieser Woche einen Hund gesehen?

10.| Und jetzt mach nur das, was in Punkt 2 steht.

Nach Köndl 2004, S. 38

Wann ist es wichtig, Angaben und Arbeitsanweisungen genau zu lesen?

Trainingsbausteine

Üben

2.1 | Genaues Beobachten und Sehen üben

Augentraining – Linien mit den Augen verfolgen

Beispiel 1:

Beispiel 2:

Beispiel 3:

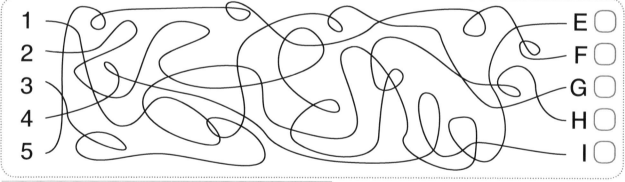

Nach Vester 2002, S. 109

Mit dieser Aufgabe übst du Texte genauer zu lesen.

Beginne mit Beispiel 1. Verfolge die Linie nur mit den Augen. Halte dabei den Oberkörper und den Kopf ruhig.

Wechsle auch die Richtung und beginne von hinten.

Trage im Beispiel 3 zu den Buchstaben die dazugehörige Zahl ein.

Mein Lerntagebuch zur Selbstbeobachtung

Thema: Ich übe genaues Sehen und Beobachten

am Anfang

Das weiß ich schon:

Das meint mein/e Lernberater/-in

am Ende

Das habe ich dazugelernt:

Das kann ich jetzt schon besser:

 rainingsbausteine

2. I Methoden zur Aufnahme von Informationen

2.2 Gutes Zuhören macht das Lernen leichter

- Vorlage zur Selbstbeobachtung meiner Mitarbeit
- Vorlage zur Selbstbeobachtung meiner Mitarbeit – Wiederholung
- So verhalte ich mich, wenn ich zuhöre
- Geräusche in meiner Klasse
- Mein Lerntagebuch zur Selbstbeobachtung

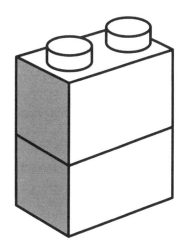

**rainingsbausteine**

Checkliste

2.2 | Gutes Zuhören macht das Lernen leichter
Vorlage zur Selbstbeobachtung meiner Mitarbeit

Suche dir eine Schulstunde/einen Schultag aus.

☑ Mache für jede Beobachtung einen Haken in der Liste.

Sprich über deine Liste auch mit deiner Lehrerin/deinem Lehrer.

Name: _____   **Datum:** _____

Selbstbeobachtung in: _____

Ich habe mich gemeldet: 1 2 3 4 5 6 7

Ich bin drangekommen: 1 2 3 4 5 6 7

Ich habe dazwischen gerufen: 1 2 3 4 5 6 7

Ich war abgelenkt durch: _____

Bitte male die Anzahl der Sterne farbig an!

Die Mitarbeit dieser Stunde bewerte ich mit:

☆ ☆ ☆ ☆ ☆ ☆

Die Mitarbeit dieser Stunde bewertet meine Lehrerin/mein Lehrer mit:

☆ ☆ ☆ ☆ ☆ ☆

 **Trainingsbausteine**

Checkliste

 2.2 | Gutes Zuhören macht das Lernen leichter
Vorlage zur Selbstbeobachtung meiner Mitarbeit

Wiederhole die Selbstbeobachtung deiner Mitarbeit.

☑ Mache für jede Beobachtung einen Haken in der Liste.

Name: _____ **Datum:** _____

Selbstbeobachtung in: _____

Ich habe mich gemeldet: ① ② ③ ④ ⑤ ⑥ ⑦

Ich bin drangekommen: ① ② ③ ④ ⑤ ⑥ ⑦

Ich habe dazwischen gerufen: ① ② ③ ④ ⑤ ⑥ ⑦

Ich war abgelenkt durch: _____

Bitte male die Anzahl der Sterne farbig an!

Die Mitarbeit dieser Stunde bewerte ich mit:

☆ ☆ ☆ ☆ ☆ ☆

Die Mitarbeit dieser Stunde bewertet meine Lehrerin/mein Lehrer mit:

☆ ☆ ☆ ☆ ☆ ☆

Vergleiche deine Beobachtungen.
Was hat sich im Vergleich zur ersten Beobachtungsaufgabe verändert?

Checkliste

2.2 | Gutes Zuhören macht das Lernen leichter

So verhalte ich mich, wenn ich zuhöre

Das erleichtert mir das Zuhören:	Das macht es schwieriger oder lenkt mich ab:

Wie gut kannst du zuhören?

Was glaubst du, könntest du noch verbessern?
Notiere dir mindestens einen Tipp, den du ausprobieren möchtest.

Üben

🧱 2.2 | Gutes Zuhören macht das Lernen leichter

Geräusche in meiner Klasse

Nimm dir ein wenig Zeit und schließe deine Augen. Was hörst du?

Das habe ich gehört:

Diese Übung kannst du auch zu Hause ausprobieren.

Erzähle auch deiner Klasse davon. Welche Unterschiede gibt es?

Mein Lerntagebuch zur Selbstbeobachtung

Thema: Gutes Zuhören

am Anfang

Das weiß ich schon:

....

....

....

....

....

....

Das meint mein/e Lernberater/-in

....

....

....

....

....

....

am Ende

Das habe ich dazugelernt:

....

....

....

....

....

Das kann ich jetzt schon besser:

....

....

....

....

 **rainingsbausteine**

3. | Methoden zur Verarbeitung und Speicherung von Information

3.1 So arbeitet unser Gedächtnis

- Die drei Gedächtnisspeicher
- Gedächtnisquiz
- Lernkartei – Fragen zu Gedächtnis und Vergessen
- Ausschneidebogen für das Gedächtnispuzzle
- Vorlage für das Gedächtnispuzzle
- Mein Lerntagebuch zur Selbstbeobachtung

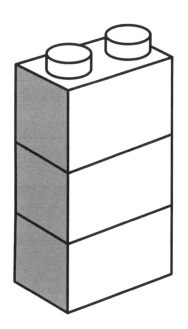

Trainingsbausteine

3.1 | So arbeitet unser Gedächtnis
Die drei Gedächtnisspeicher

Ordnet die Überschriften zu.

Über unsere Sinnesorgane (Ohren, Augen, Haut) werden Informationen an das Gehirn geschickt. Unser Gehirn speichert diese Informationen in drei Stufen.

Ultrakurzzeitgedächtnis • Kurzzeitgedächtnis • Langzeitgedächtnis

1. Stufe: ....

Das heißt so, weil es Informationen nur ein paar Sekunden speichert.

2. Stufe: ....

Das heißt so, weil es Informationen mehrere Minuten oder Stunden speichert.

3. Stufe: ....

Das heißt so, weil es Informationen durch Wiederholung Wochen, Monate und Jahre speichert.

Nach Hofmann 2004, S. 17

Üben

3.1 | So arbeitet unser Gedächtnis

Gedächtnisquiz

**Überprüfe jetzt dein Wissen über die Arbeitsweise des Gehirns.
Kreuze bei den Beispielen an, welches Gedächtnis du verwendest:**

Ultrakurzzeitgedächtnis (UKZG), Kurzzeitgedächtnis (KZG) oder Langzeitgedächtnis (LZG).

	UKZG	KZG	LZG
1. Du erinnerst dich noch, was du gestern zu Mittag gegessen hast.			
2. Du weißt die Adresse deiner besten Freundin.			
3. Du kannst Rad fahren.			
4. Du singst den Text deines Lieblingsliedes mit.			
5. Du kaufst für deine Sitznachbarin beim Schulbuffet einen Apfel.			
6. Du fährst auf deinem üblichen Weg zur Schule.			
7. Du schaust beim Test zu deiner Sitznachbarin, siehst ein Wort und schreibst es.			
8. Ein Lehrer nimmt dich dran, weil du mit dem Sitznachbarn redest. Du sollst wiederholen, was er soeben gesagt hat, und du weißt es.			

3.1 | So arbeitet unser Gedächtnis

Lernkartei – Fragen zu Gedächtnis und Vergessen

**Schneide die Karten der Lernkartei aus.
Sie hilft dir dabei, die Fragen für das nachfolgende Gedächtnispuzzle zu beantworten.**

2. Wie entstehen Erinnerungen?

Das Gehirn besteht aus vielen einzelnen Nervenzellen. Sie leiten Informationen weiter und können sich miteinander verbinden. Durch diese Verbindungen entstehen Erinnerungen. Je öfter die Verbindungen genutzt und trainiert werden, desto leichter „erinnert" sich das Gedächtnis. Du trainierst und nutzt diese Verbindungen, wenn du Lernstoff mehrmals wiederholst.

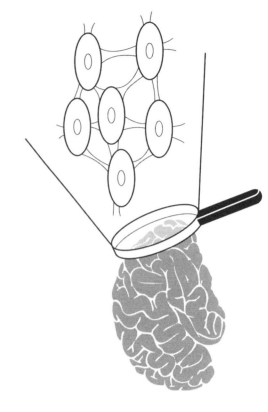

Potzmann: Wie lerne ich erfolgreich? 3./4. Klasse
© Brigg Pädagogik Verlag GmbH, Augsburg

Trainingsbausteine

1. Was passiert, wenn ich denke?

Du denkst an deine Katze und weißt sofort ihre Farbe, ihren Namen, ihr Lieblingsfutter und wie sie sich bewegt. Beim Denken nehmen die Gehirnzellen Kontakt miteinander auf. Alle Zellen, die mit diesen Informationen über die Katze verbunden sind, werden aktiviert. Je öfter diese Verbindungen der Nervenzellen durch Wiederholung benutzt werden, umso leichter und schneller erinnerst du dich.

PINKIE +

Potzmann: Wie lerne ich erfolgreich? 3./4. Klasse
© Brigg Pädagogik Verlag GmbH, Augsburg

Trainingsbausteine

4. Was macht das Gedächtnis mit Informationen?

Stell dir vor, dein Gehirn wäre ein Regal mit verschiedenen
Fächern. Dort werden beim Lernen die Informationen richtig
eingeordnet. Alle „Lernwörter" wären dann im Fach „Deutsch".
Neue Informationen werden vom Gedächtnis richtig eingeordnet.
Brauchst du eine bestimmte Information, holt sie das Gedächtnis
aus dem richtigen Fach und du weißt die Antwort.

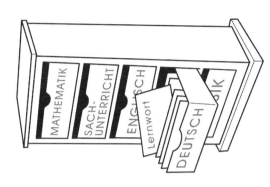

Potzmann: Wie lerne ich erfolgreich? 3./4. Klasse
© Brigg Pädagogik Verlag GmbH, Augsburg

Trainingsbausteine

---

3. Wie gelangt eine Information in unser Gedächtnis?

Informationen werden über unsere Sinnesorgane ans Gehirn
geschickt und in drei Stufen gespeichert:

1. Stufe: „Ultrakurzzeitgedächtnis"
Das heißt so, weil es Informationen nur ein paar
Sekunden speichert.

2. Stufe: „Kurzzeitgedächtnis"
Das heißt so, weil es Informationen mehrere
Minuten speichert.

3. Stufe: „Langzeitgedächtnis"
Das heißt so, weil es Informationen durch Wiederholung Wochen, Monate und Jahre speichert.

Potzmann: Wie lerne ich erfolgreich? 3./4. Klasse
© Brigg Pädagogik Verlag GmbH, Augsburg

Trainingsbausteine

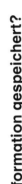

6. Wo wird eine Information gespeichert?

Unser Gehirn besteht aus Nervenzellen. Weißt du, wie viele solcher Zellen du hast? Du musst einfach intelligent sein, denn du hast etwa 1.000.000.000.000, also eine Billion Gehirnzellen.

Eine Nervenzelle hat mehrere Äste. Mit diesen Ästen nimmt die Nervenzelle Informationen von anderen Zellen auf. Mit einem Ast aber, meist dem längsten unter ihnen, sendet sie die Information an andere Zellen weiter.

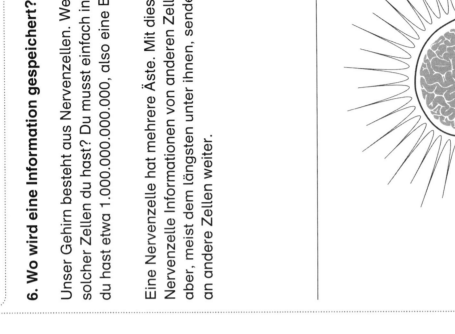

Trainingsbausteine

---

5. Warum verwechselt das Gedächtnis Informationen?

In der Deutschstunde hast du die drei Formen des Zeitwortes „laufen" gelernt (laufen, lief, gelaufen). Dieses Wissen liegt nun auf einem Merkzettel in der Schublade „Deutsch" in deinem Gehirn. Wenn du in der Deutschstunde aber nicht aufgepasst hast, ordnet dein Gedächtnis den Merkzettel falsch oder gar nicht ein. Wenn dies öfter passiert, geraten die Merkzettel durcheinander und es fehlen viele davon. Du musst deinem Gedächtnis helfen, in den Schubladen Ordnung zu halten.

Hast du Ideen, wie das gehen könnte?

Trainingsbausteine

8. Wer nimmt Informationen für das Gehirn auf?

Dein Körper ist dazu mit fünf Sinnesorganen ausgerüstet. Das sind die Augen, die Ohren, die Haut, die Nase und die Zunge.

Dein Gedächtnis ist dafür zuständig, dass du dir für dich wichtige Informationen auch merkst.

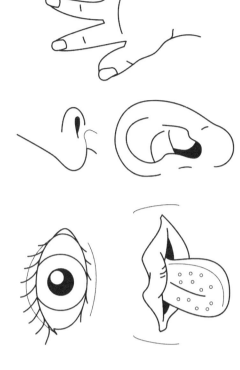

Potzmann: Wie lerne ich erfolgreich? 3./4. Klasse
© Brigg Pädagogik Verlag GmbH, Augsburg

Trainingsbausteine

---

7. Wo ist das Gedächtnis?

Dein Gehirn speichert dein ganzes Leben lang deine Erlebnisse. Das Gedächtnis hat aber keinen bestimmten Ort im Gehirn. Es befindet sich in deinen Nervenzellen und ihren Verbindungen.

Das Gedächtnis ist einfach die Merkfähigkeit.

Gedächtnis ist die Fähigkeit Neues zu speichern, um es später wiedergeben zu können.

Potzmann: Wie lerne ich erfolgreich? 3./4. Klasse
© Brigg Pädagogik Verlag GmbH, Augsburg

Trainingsbausteine

10. Wie kann ich mich später an neue Informationen erinnern?

Dazu sind drei Schritte notwendig:

1. Schritt: **Die Aufnahme der Information**
Du musst die Information mit den Sinnesorganen aufnehmen.

2. Schritt: **Die Speicherung**
Durch Wiederholen wird eine Information länger gespeichert und nicht vergessen.

3. Schritt: **Das Abrufen der Information**
Du denkst nach und dein Gedächtnis liefert die von dir gespeicherte Information.

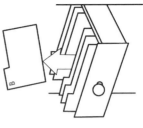

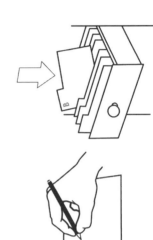

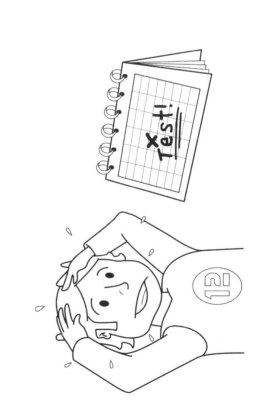

Potzmann: Wie lerne ich erfolgreich? 3./4. Klasse
© Brigg Pädagogik Verlag GmbH, Augsburg

Trainingsbausteine

---

9. Warum vergesse ich?

Neue Informationen werden in wichtige und unwichtige getrennt. Unwichtige Informationen werden vergessen. So schützt sich das Gehirn vor Überlastung. Du bist der/diejenige, der/die deinem Gedächtnis durch Lernen klar macht, was wichtig ist.

Wenn du dir dein Sachunterrichtsheft am Tag vor einem Quiz/Test nur einmal durchliest, wirst du beim Quiz/Test bemerken, dass du zu wenig weißt. Du hast also den Lernstoff nicht oft genug wiederholt. Die Information ist nicht in deinem Langzeitgedächtnis gespeichert worden.

Potzmann: Wie lerne ich erfolgreich? 3./4. Klasse
© Brigg Pädagogik Verlag GmbH, Augsburg

Trainingsbausteine

12. Wie bringt man eine Information in das Langzeitgedächtnis?

Dies geschieht dadurch, dass du oft wiederholst, z. B. die Namen der Bundesländer Deutschlands. Je öfter du wiederholst, desto besser kannst du dich erinnern. Lernen ist Arbeit und kann manchmal länger dauern. Hab Geduld und denk daran! Auch Sportler müssen viel und oft trainieren, bis sie wirklich gut sind.

Dem Langzeitgedächtnis helfen auch: dein Interesse an einer Sache, deine positive Einstellung, die Einteilung des Stoffes in Lernportionen und Pausen beim Lernen!

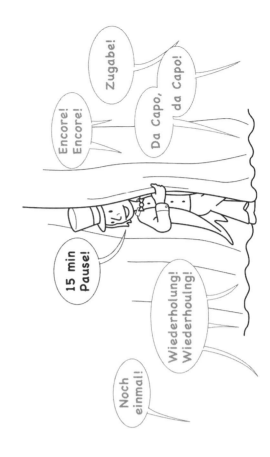

Potzmann: Wie lerne ich erfolgreich? 3./4. Klasse
© Brigg Pädagogik Verlag GmbH, Augsburg

Trainingsbausteine

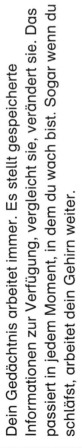
11. Wann arbeitet das Gedächtnis?

Dein Gedächtnis arbeitet immer. Es stellt gespeicherte Informationen zur Verfügung, vergleicht sie, verändert sie. Das passiert in jedem Moment, in dem du wach bist. Sogar wenn du schläfst, arbeitet dein Gehirn weiter.

Du merkst, dein Gedächtnis muss sehr viel leisten. Durch Pausen beim Lernen hilfst du deinem Gedächtnis. Dadurch kann sich dein Gehirn erholen.

Potzmann: Wie lerne ich erfolgreich? 3./4. Klasse
© Brigg Pädagogik Verlag GmbH, Augsburg

Trainingsbausteine

Trainingsbausteine

Üben

 3.1 | So arbeitet unser Gedächtnis
Ausschneidebogen für das Gedächtnispuzzle

Es ist kein Ort, sondern die Fähigkeit, sich Neues zu merken und sich später wieder zu erinnern.

Schutz vor Überlastung; durch eine falsche Methode beim Lernen

Die fünf Aufnahmegeräte: Augen, Ohren, Haut, Zunge/Haut, Nase

Durch Wiederholung, Wiederholung, Wiederholung

Immer

Durch Verknüpfungen der Nervenzellen, man muss öfter wiederholen

Informationen werden von einer Nervenzelle zur nächsten geleitet

Durch Aufnahme, Speicherung und Wiedergabe einer Information

Genügend Schlaf, Pausen beim Lernen einlegen

Chaos im Gedächtnis durch falsches Einordnen der Information

In den Nervenzellen des Gehirns

In die Regale und Schubladen des Gedächtnisses einordnen

3.1 | So arbeitet unser Gedächtnis
Vorlage für das Gedächtnispuzzle

Ordne die ausgeschnittenen Teile zu.

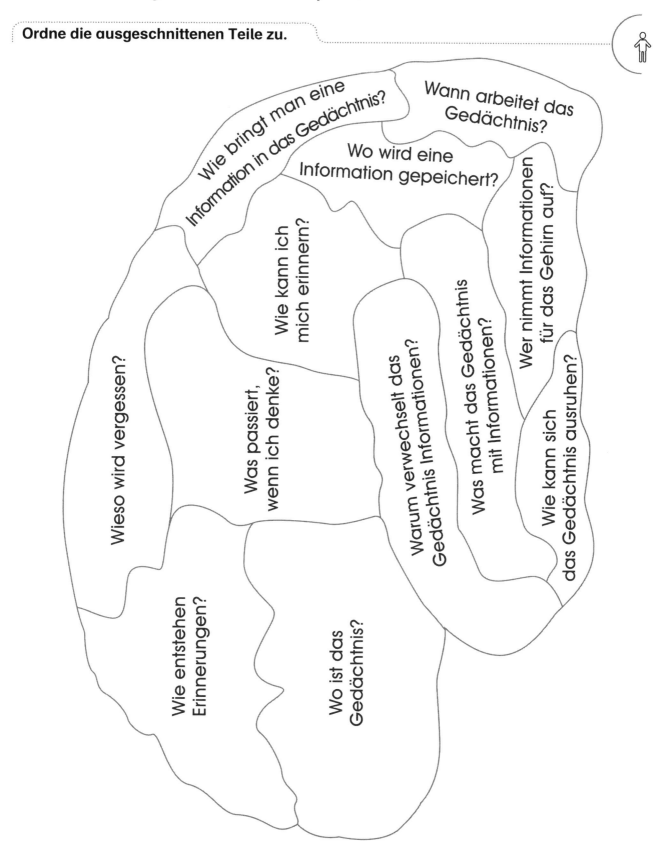

Mein Lerntagebuch zur Selbstbeobachtung

Thema: Unser Gedächtnis

am Anfang

Das weiß ich schon:

Das meint mein/e Lernberater/-in

am Ende

Das habe ich dazugelernt:

Das kann ich jetzt schon besser:

3. | Methoden zur Verarbeitung und Speicherung von Information

3.2 Wiederholungen helfen gegen das Vergessen

- Die Vergessenskurve mit Wiederholungen
- Tipps für sinnvolle Wiederholungen
- Einen Lernplan selbst erstellen – Beispiel
- Rückmeldungen zu einem Lernplan verfassen
- Mein Lerntagebuch zur Selbstbeobachtung

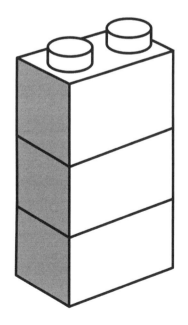

3.2 | Wiederholungen helfen gegen das Vergessen
Vergessenskurve mit Wiederholungen

Zur Speicherung im Langzeitgedächtnis genügt es leider nicht, eine Lernportion nur einmal, und das besonders lange, zu lernen. Dies zeigt dir die Vergessenskurve des Wissens.

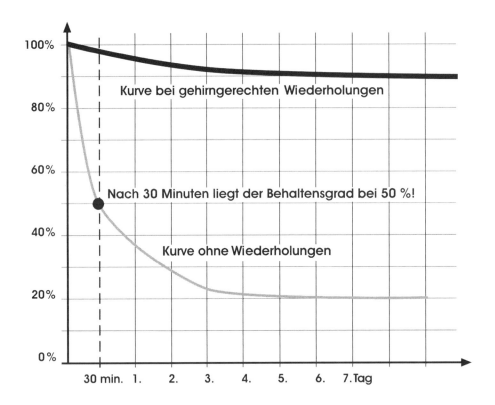

Wie kann man verhindern, den neu gelernten Stoff schnell zu vergessen? Erst wenn du einen Lernstoff richtig wiederholst, prägst du dir das Gelernte auch gut ein. Und wie wiederholt man richtig?

Nach Puchberger-Schnabel 2002, S. 43

 Du solltest eine Lernportion erst nach einer kurzen Pause wiederholen.

 Erhole dich nach dem Lernen, damit der gelernte Stoff nicht von neuen Eindrücken gestört wird!

 Mache Aufgaben so oft wie möglich an dem Tag, an dem sie aufgegeben wurden!

 **Trainingsbausteine**

Information

3.2 | Wiederholungen helfen gegen das Vergessen
Tipps für sinnvolle Wiederholungen 1

Schreibe eine Überschrift zu jedem Tipp!

Kurzwiederholung · Selbstkontrolle · Lernstoff in kleine Lernportionen einteilen
Wiederholungen · Einen Lernplan für den Test

Die Vergessenskurve zeigt, dass man kurz nach dem Lernen das meiste vergisst. Lerne so lange, bis du die Lernportion gerade eben kannst. Etwa nach einer Viertelstunde Pause kannst du die erste Wiederholung machen. Dann kommt wieder eine kurze Lernpause.

Wiederhole größere Lernportionen nur einmal am Tag, und das drei Tage hintereinander. Dies ist effektiver als mehrfaches Lernen an einem Tag. Wenn du zuviel auf einmal lernst, überlastest du dein Gedächtnis.
Stell dir das Gehirn als einen trockenen Schwamm vor. Wenn du ihn mit Wasser (= Lernen) übergießt, saugt er sich voll. Ist der Schwamm völlig nass, rinnt das Wasser auf den Boden, denn der nasse Schwamm kann kein Wasser mehr aufnehmen.

Mach dir vor einem Test einen Wiederholungsplan. Verschaff dir einen Überblick über den Lernstoff und teile ihn in kleine Portionen auf. Verteile die Portionen auf mehrere Tage.

Trage für jeden Tag die Lern- und die Wiederholungsportion in einen Kalender ein. So kannst du die gelernten Portionen abhaken. Dies erleichtert die Selbstkontrolle.

Plane auch eine Kurzwiederholung ein, in der du bereits gelernte Portionen noch einmal wiederholst.

Potzmann: Wie lerne ich erfolgreich? 3./4. Klasse © Brigg Pädagogik Verlag GmbH, Augsburg

Information

 3.2 | Wiederholungen helfen gegen das Vergessen

Tipps für sinnvolle Wiederholungen 2

Schreibe eine Überschrift zu jedem Tipp!

Hol dir Energie zum Lernen • Pausen zur Erholung machen
Kontrolliere die Lernzeit mit der Uhr • Eine Pause zwischen Lernen und
Fernsehen machen • Die Lernmethode abwechseln

Wenn du mit dem Lernen aufhörst, arbeitet dein Gehirn noch weiter! Es verarbeitet die gelernten Informationen. Am besten wäre daher, nach dem Lernen überhaupt nichts zu tun, auch nicht fernzusehen. Du kannst auch eine Wiederholung vor dem Schlafengehen ansetzen. So kann dein Gehirn ohne Störung das Gelernte im Langzeitgedächtnis speichern.

Bring Abwechslung in deine Wiederholungen! Sag bei der ersten Wiederholung das Gelernte laut auf. Bei der zweiten Wiederholung schreib das Gelernte auf. Mach dir Frage- und Antwortkärtchen oder ein Lernstoffplakat.

Beim Lernen sind Pausen zur Erholung wichtig. Wie fühlst du dich, wenn du lange lernst? Du bist müde und kraftlos. Auch dein Gehirn braucht Erholung, es braucht Zeit zur Verarbeitung der Informationen.

Stelle eine Uhr auf eine Lernzeit ein. Dadurch wirst du an das Einhalten der Pause erinnert.

Denk daran, in den Pausen genügend zu trinken. Auch mit guter Ernährung und viel Bewegung versorgst du dich mit neuer Energie. Iss lieber fünf kleine Mahlzeiten am Tag als eine große vor dem Lernen. Mach nach dem Mittagessen eine Pause bevor du mit dem Lernen beginnst.

Potzmann: Wie lerne ich erfolgreich? 3./4. Klasse © Brigg Pädagogik Verlag GmbH, Augsburg

Üben

3.2 | Wiederholungen helfen gegen das Vergessen

Einen Lernplan selbst erstellen – Beispiel

Die Schüler/-innen der 4B erstellten und erprobten ihren ersten Lernplan. Sie bereiteten sich auf einen Sachunterrichtstest vor.

Dieser Lernplan ist der erste Versuch eines Schülers der 4B. Er verteilte die Fragen auf eine Woche und versuchte Wiederholungen zu planen. Thema des Tests: Deutschlands und seine Bundes- und Nachbarländer. Der Test fand am Dienstag der darauffolgenden Woche statt.

Uhrzeit	Montag	Dienstag	Mittwoch	Donnerstag	Freitag	Samstag	Sonntag
7 - 8							
8 - 9	SU	D	D	D	D	Ausschlafen !!!	
9 - 10	SU	D	D	Ma	Ma		
10 - 11	SU	Religion	Ma	Werken	Sport		
11 - 12	SU	Sport	Ma	Werken	Sport	Wiederh. SU 3 & SU 4	Wiederh. SU 3 & SU 4
12 - 13	SU		Kunst				
13 - 14				Schüler- zeitung			
14 - 15	Hausauf- gaben	Hausaufgaben SU 2			Hausaufgaben SU 4		
15 - 16	Hausaufgaben SU 1		Wiederh. SU 1 & SU 2				
16 - 17		Jungschar		Hausaufgaben SU 3			
17 - 18	Fußball- training		Fußball- training		Fußball- training		
18 - 19							

Üben

 3.2 | Wiederholungen helfen gegen das Vergessen

Einen Lernplan selbst erstellen

**Wie könnte ein Wiederholungsplan für deine Lernarbeit aussehen?
Versuche für den nächsten Test einen solchen Plan zu erstellen.**

Mache dir Notizen darüber, wie du mit deinem Lernplan gearbeitet hast.

Vergleiche deine Erfahrungen mit anderen aus deiner Klasse.

 Trainingsbausteine

Mein Lerntagebuch zur Selbstbeobachtung

Thema: Ich erstelle einen Lernplan.

am Anfang

Das weiß ich schon:

Das meint mein/e Lernberater/-in

am Ende

Das habe ich dazugelernt:

Das kann ich jetzt schon besser:

3. I Methoden zur Verarbeitung und Speicherung von Information

3.3 Baustein: Sinn und Möglichkeiten von Pausen

- Pause machen ist Arbeitszeit – ein Experiment
- Arten von Pausen
- Lernzeiten mit Pausen planen
- Eine Lernpause gestalten
- Mein Lerntagebuch zur Selbstbeobachtung

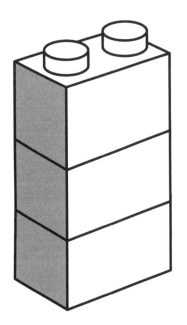

 **Trainingsbausteine**

 3.3 | Sinn und Möglichkeiten von Pausen
Pause machen ist Arbeitszeit – Experiment

Such dir einen Partner oder eine Partnerin für die Pausenübung.

Arbeitsschritt 1:

Du hast genau 7 Minuten Arbeitszeit. Rechne die folgenden Aufgaben im Kopf und schreibe das Ergebnis auf.

Arbeitszeit: 7 Minuten

4+9−3=	4+9+3=	5+6+9=	4+8−5=	7−3+7=
7+3+7=	6+2+1=	5+6+9=	6−6+9=	6−5+9=
7−3+4=	4+8−8=	9−8+9=	6+2+9=	6+5+8=
6−6+9=	6+5−9=	7+3+6=	4+8−4=	7−3+2=
6−6+2=	6−2+7=	6−5+5=	9−8+2=	6−6+9=
4+9+3=	5+9+3=	6+6+9=	5+8−5=	8−3+7=
7−3+7=	5+2+9=	6+6+8=	7−6+9=	7−5+9=
7−3−1=	3+8−8=	8−8+9=	9+2+9=	6+5+9=
6−6+2=	7+5−9=	5+3+6=	2+8−4=	8−3+2=
6+5+2=	7−2+7=	5−5+5=	9−4+2=	9−6+9=

Arbeitsschritt 2:

Jetzt mache eine Pause von etwa einer Viertelstunde. Arbeite in dieser Zeit nichts, was mit Mathematik zu tun hat. Höre Musik, lies etwas oder zeichne.
Dann geht es weiter mit Schritt 3 auf der nächsten Seite.

Checkliste

 3.3 I Sinn und Möglichkeiten von Pausen
Pause machen ist Arbeitszeit – Experiment

Arbeitsschritt 3:

Rechne die folgenden Aufgaben im Kopf aus und schreibe das Ergebnis auf. Nach 3 Minuten machst du genau 1 Minute Pause. In dieser Zeit schaust du aus dem Fenster, streckst dich, schüttelst deine Arme und Beine aus. Dann rechne wieder 3 Minuten.

Arbeitszeit: 2 mal 3 Minuten, 1 mal 1 Minute Pause

4+9+3=	4+1+3=	5+7+9=	4+3−5=	8−3+7=
7+3+6=	6+3+9=	5+5+9=	6−3+9=	7−5+9=
7−3+3=	4+7−8=	9−6+9=	6+3+9=	7+5+9=
6−6+1=	6+7−9=	7+6+6	4+3−4=	2−1+2=
6−6+3=	6−6+7=	6−1+5=	9−3+2=	9−6+9=
4+9−3=	5+1+3=	6+2+9=	1+8−5=	9−3+7=
7−3+7=	5+3+9=	6+1+9=	8−6+9=	9−5+9=
7−3+9=	4+4−8=	8−2+9=	2+2+9=	1+5+9=
6−6+4=	7+6−9=	5+4+6=	3+8−4=	3−3+2=
6+5+5=	7−3+7=	5−1+5=	4−4+2=	6−6+9=

Arbeitsschritt 4:

Vergleiche deine Ergebnisse mit den Lösungen auf der nächsten Seite.
Zähle, wie viele Aufgaben du richtig hast:

bei Arbeitsschritt 1) _____ bei Arbeitsschritt 3) _____

Warum Pausen beim Lernen machen?

Obwohl du bei Aufgabe 3 eine Minute Arbeitszeit weniger hattest, wird die Zahl deiner richtig gerechneten Aufgaben wahrscheinlich höher sein. Pausen entlasten dein Gehirn und helfen dir, schneller und besser zu lernen. Wie merkst du, dass du eine kleine Pause brauchst? Wenn du beim Lernen aus dem Fenster schaust oder beginnst, mit deinem Lineal herumzuspielen. Dann wird es Zeit für eine Pause.

Potzmann: Wie lerne ich erfolgreich? 3./4. Klasse © Brigg Pädagogik Verlag GmbH, Augsburg

Trainingsbausteine

Checkliste

 3.3 | Sinn und Möglichkeiten von Pausen
Lösungen zum Experiment

Lösungen zu Arbeitsschritt 1) Rechnen ohne Pause

4+9−3=**10**	4+9+3=**16**	5+6+9=**20**	4+8−5=**7**	7−3+7=**11**
7+3+7=**17**	6+2+9=**17**	5+6+1=**12**	6−6+9=**9**	6−5+9=**10**
7−3+4=**8**	4+8−8=**4**	9−8+9=**10**	6+2+9=**17**	6+5+8=**19**
6−6+9=**9**	6+5−9=**2**	7+3+6=**16**	4+8−4=**8**	7−3+2=**6**
6−6+2=**2**	6−2+7=**11**	6−5+5=**6**	9−8+2=**3**	6−6+9=**9**
4+9+3=**16**	5+9+3=**17**	6+6+9=**21**	5+8−5=**8**	8−3+7=**12**
7−3+7=**11**	5+2+9=**16**	6+6+8=**20**	7−6+9=**10**	7−5+9=**11**
7−3−1=**3**	3+8−8=**3**	8−8+9=**9**	9+2+9=**20**	6+5+9=**20**
6−6+2=**2**	7+5−9=**3**	5+3+6=**14**	2+8−4=**6**	8−3+2=**7**
6+5+2=**13**	7−2+7=**12**	5−5+5=**5**	9−4+2=**7**	9−6+9=**12**

Lösungen zu Arbeitsschritt 3) Rechnen mit Pausen

4+9+3=**16**	4+1+3=**8**	5+7+9=**21**	4+3−5=**2**	8−3+7=**12**
7+3+6=**16**	6+3+9=**18**	5+5+9=**19**	6−3+9=**12**	7−5+9=**11**
7−3+3=**7**	4+7−8=**3**	9−6+9=**12**	6+3+9=**18**	7+5+9=**21**
6−6+1=**1**	6+7−9=**4**	7+6+6=**19**	4+3−4=**3**	2−1+2=**3**
6−6+3=**3**	6−6+7=**7**	6−1+5=**10**	9−3+2=**8**	9−6+9=**12**
4+9−3=**10**	5+1+3=**9**	6+2+9=**17**	1+8−5=**4**	9−3+7=**13**
7−3+7=**11**	5+3+9=**17**	6+1+9=**16**	8−6+9=**11**	9−5+9=**13**
7−3+9=**13**	4+4−8=**0**	8−2+9=**15**	2+2+9=**13**	1+5+9=**15**
6−6+4=**4**	7+6−9=**4**	5+4+6=**15**	3+8−4=**7**	3−3+2=**2**
6+5+5=**16**	7−3+7=**11**	5−1+5=**9**	4−4+2=**2**	6−6+9=**9**

Nach Hinkelday 2002, S. 61

 **rainingsbausteine**

Information

 3.3 | Sinn und Möglichkeiten von Pausen
Arten von Pausen

Lies zuerst die Information über Pausen.
Mach eine passende Zeichnung zu jeder Pause.

Minipause

- *nach zehn Minuten Arbeitszeit oder nach Bedarf*
- *dauert 20 – 30 Sekunden bis zu einer Minute*
- *am Arbeitsplatz bleiben*
- *kurz die Augen schließen, zurücklehnen und Arme und Beine strecken*

Fitnesspause

- *nach 20 – 30 Minuten Arbeitszeit*
- *dauert zwei bis fünf Minuten*
- *den Arbeitsplatz verlassen*
- *kurz aufstehen, das Fenster öffnen, etwas trinken*

Imbisspause

- *nach etwa zwei Stunden Arbeitszeit*
- *dauert 15 - 20 Minuten*
- *den Arbeitsplatz verlassen*
- *eine Kleinigkeit essen, Schultasche umräumen*

Erholungspause

- *nach etwa drei bis vier Stunden Arbeitszeit*
- *dauert eine bis zwei Stunden*
- *den Arbeitsplatz verlassen*
- *Freunde anrufen, spielen, sich bewegen*

 **Trainingsbausteine**

3.3 | Sinn und Möglichkeiten von Pausen

Lernzeit mit Pausen gestalten

Wenn du einen geringen Lernerfolg erzielst, obwohl du viel gelernt hast, kann dies an deinem schlechten Umgang mit Pausen und Erholung liegen.

**Lernzeit mit
Pausen planen**

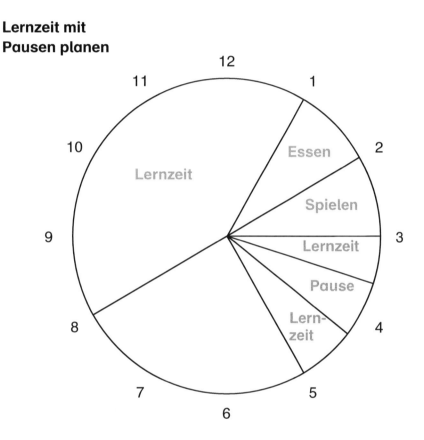

Die Länge der Pause richtet sich nach der vorangegangenen Lernzeit. Ist die Pause zu kurz und die Lernzeit zu lang, bist du nicht erholt. Machst du nach 30 Minuten Lernzeit zwei Stunden Pause, fällt es dir schwer, wieder anzufangen. Mache daher lieber mehrere kurze als wenige lange Pausen.

In Lernpausen mit dem Computer zu spielen oder fernzusehen ist keine Erholung für das Gehirn. Das Gehirn braucht Abwechslung wie einen Mittagsschlaf halten, sich bewegen, mit Freunden sprechen, die Schultasche aufräumen. Damit unterstützt und entlastest du dein Gehirn.

Üben

 3.3 | Sinn und Möglichkeiten von Pausen

Eine Lernpause gestalten

Informiere dich noch einmal über die Pausenarten.
Überlege, wie du diese Pausen gut gestalten kannst. Schreibe deine Vorschläge in die
Liste.

Minipause:

....

....

Fitnesspause:

....

....

Imbisspause:

....

....

Erholungspause:

....

....

**Vergleiche deine Vorschläge mit deinem Sitznachbarn/deiner Sitznachbarin.
Erstellt ein Plakat und präsentiert eure Ergebnisse der Klasse.**

Trainingsbausteine

Mein Lerntagebuch zur Selbstbeobachtung

Thema: Pausen

am Anfang

Das weiß ich schon:

Das meint mein/e Lernberater/-in

am Ende

Das habe ich dazugelernt:

Das kann ich jetzt schon besser:

 **Trainingsbausteine**

3. | Methoden zur Verarbeitung und Speicherung von Information

3.4 Lernen und Üben zur richtigen Zeit

- Zeiten hoher und niedriger Leistungsfähigkeit
- Tipps für die Lernplanung
- Beispiel zur Planung von festen Lern- und Arbeitszeiten
- Mein Plan für feste Lern- und Arbeitszeiten
- Vorlage zur Planung von festen Lern- und Arbeitszeiten
- Mein Lerntagebuch zur Selbstbeoachtung

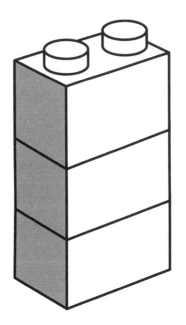

 **rainingsbausteine**

3.4 | Lernen und Üben zur richtigen Zeit

Zeiten hoher und niedriger Leistungsfähigkeit

Du sitzt kurz nach dem Mittagessen bei deinen Mathematikhausaufgaben und bist verzweifelt, weil du dich dauernd verrechnest. Dabei hast du in der Schule die Rechnung gut gekonnt. Keine Sorge, solche Leistungsschwankungen während des Tages sind völlig normal. Dein Gehirn kann nicht 24 Stunden lang höchste Leistungen bringen.
Die Leistungsfähigkeit ändert sich im Laufe eines Tages, sie ist abhängig von der Tageszeit. Es gibt Zeiten sehr hoher Lernfähigkeit und Zeiten, in denen das Lernen schwieriger wird. Wissenschaftler haben den Zusammenhang zwischen Leistungsfähigkeit des Gehirns und Tageszeit in einer Kurve dargestellt. Diese Kurve gilt für viele Menschen. Es gibt aber persönliche Abweichungen. Daher liegt es an dir, deine beste Lernzeit herauszufinden.

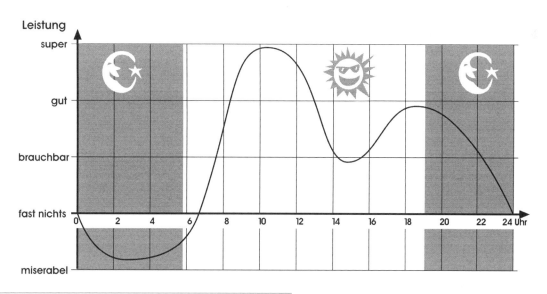

Nach Gölz/Simon 1993, S. 108

Setze die Wörter mit Hilfe des Kurvenschaubilds ein.
brauchbar · Lernzeit · Mittagspause · Hausaufgaben · aufwärts

Eine gute _____ ist am Vormittag zwischen 8 Uhr und 12 Uhr. Von

etwa 13 Uhr bis 14 Uhr macht auch das Gehirn eine _____. Deine Leis-

tungsfähigkeit ist zwischen 13 und 15 Uhr _____. Wusstest du, dass in

dieser Zeit die meisten Unfälle passieren?

Ab 15 Uhr geht es wieder _____. Von etwa 15 Uhr bis 20 Uhr ist daher

eine gute Zeit für _____. Ab etwa 21 Uhr ist Schlafenszeit.

Trainingsbausteine

3.4 | Lernen und Üben zur richtigen Zeit

Tipps für die Lernplanung

Du kannst deine Kräfte je nach Tageszeit sinnvoll einteilen. Daher ist es günstig, dir zu überlegen, zu welchen Tageszeiten du lernen willst oder kannst. In der Schule wird die Lernzeit durch den Stundenplan vorgegeben. Bei deinem eigenen Lernen kannst du deine Lernzeit deinem persönlichen Rhythmus anpassen. Es könnte sein, dass sich dadurch dein Lernvermögen deutlich verbessert.

Trage in die Spalte „Zeitvorschlag" eine günstige Zeit ein.
Schau bei Bedarf noch einmal in der Übersichtstabelle nach.

Zeitvorschlag	Aktivität
–	Lerne wenn möglich in Zeiten guter Leistungsfähigkeit.
–	Mache in Zeiten von Leistungstiefs einen Besuch, rufe eine Freundin/ einen Freund an.
–	Erledige schwierige Aufgaben in Zeiten mittlerer bis hoher Leistungsfähigkeit.
–	Lerne Stoff, der dich interessiert oder leicht fällt, in Zeiten geringerer Leistungsfähigkeit.
–	Lerne schwierigen Stoff in Zeiten hoher Leistungsfähigkeit.
–	Mache in Phasen geringer Leistungsfähigkeit mehr oder längere Pausen.
–	Achte auf genügend Schlaf. Dein Gehirn braucht die Erholung.

Uhrzeit	Leistungsfähigkeit
7 – 11 Uhr	sehr hohe Leistungsfähigkeit
11 – 12 Uhr	Konzentration lässt nach
12 – 15 Uhr	abfallende Leistungsfähigkeit
15 – 17 Uhr	ansteigende Leistungsfähigkeit
17 – 21 Uhr	hohe Leistungsfähigkeit
21 – 6 Uhr	Erholungszeit für das Gehirn und den Körper

Potzmann: Wie lerne ich erfolgreich? 3./4. Klasse © Brigg Pädagogik Verlag GmbH, Augsburg

 **Trainingsbausteine**

Üben

 ## 3.4 | Lernen und Üben zur richtigen Zeit

Beispiel zur Planung von festen Lern- und Arbeitszeiten

Warum soll ich eine feste Lernzeit planen? wozu?

Feste Lernzeiten sind günstig. Viele Schüler/-innen haben Probleme damit, mit einer Aufgabe oder mit dem Lernen überhaupt anzufangen. Sie schieben das Anfangen immer wieder hinaus. Wenn du eine feste Lernzeit hast, brauchst du dich nicht jedes Mal von Neuem dazu überwinden, überhaupt mit der Arbeit anzufangen. Wer jeden Tag mindestens eine halbe Stunde Lernzeit (z. B. für Wiederholungen!) einplant, lernt auf jeden Fall regelmäßiger und mehr. Probier es doch einfach einmal aus!

Plan mit festen Lern- und Arbeitszeiten

Name: Mathias

Uhrzeit	Montag	Dienstag	Mittwoch	Donnerstag	Freitag	Samstag	Sonntag
7 - 8							
8 - 9	SU	D	Sport	D	D	Ausschlafen !!!	
9 - 10	SU	D	D	Ma	Ma		
10 - 11	SU	Religion	Ma	Werken	Sport		
11 - 12	SU	Sport	Ma	Werken	Sport		
12 - 13	SU		Kunst				
13 - 14				Schüler-zeitung			
14 - 15		Lernzeit			Lern-zeit		
15 - 16	Lern-zeit		Lern-zeit				
16 - 17		Jungschar					
17 - 18	Fußball-training		Fußball-training	Lernzeit	Fußball-training		
18 - 19							

Wann du deine Lernzeit einplanen kannst, musst du selbst herausfinden. Verwende die Vorlage auf der übernächsten Seite für deine eigene Planung.

Üben

 3.4 | Lernen und Üben zur richtigen Zeit
Mein Plan für feste Lern- und Arbeitszeiten

Für deinen Lernplan brauchst du deinen Stundenplan.
Du kannst auch die Vorlage auf der nächsten Seite verwenden.
Und so machst du deinen Lernplan.

Bei der Planung der Lernzeit beachte die Zeit für dein Mittagessen und Zeit für eine längere Pause nach der Schule zur Erholung.

1. *Trage in diesen Plan deine Schulstunden ein. Schattiere diese Stunden grün.*

2. *Jetzt trage alle festen privaten Aktivitäten ein und markiere sie gelb.*
   Das könnten sein: Sporttraining, Musikstunden, ...

3. *Die mögliche Lernzeit markierst du blau.*

4. *Die Zeit für Entspannung und Freizeit lass bitte weiß.*

Der beste Plan nützt jedoch nichts, wenn du ihn nicht beachtest. Befestige ihn daher deutlich sichtbar in der Nähe deines Arbeitsplatzes oder an deiner Pinnwand.

Trainingsbausteine

Üben

3.4 | Lernen und Üben zur richtigen Zeit
Vorlage zur Planung von festen Lern- und Arbeitszeiten

Mein Lernzeitplan

Name:

Uhrzeit	Montag	Dienstag	Mittwoch	Donnerstag	Freitag	Samstag	Sonntag
7 - 8							
8 - 9							
9 - 10							
10 - 11							
11 - 12							
12 - 13							
13 - 14							
14 - 15							
15 - 16							
16 - 17							
17 - 18							
18 - 19							

Mein Lerntagebuch zur Selbstbeobachtung

Thema: Lernplanung

am Anfang

Das weiß ich schon: Das meint mein/e Lernberater/-in

am Ende

Das habe ich dazugelernt:

Das kann ich jetzt schon besser:

Trainingsbausteine

3. | Methoden zur Verarbeitung und Speicherung von Informationen

3.5 Meinen Lerntyp beachten

Lerntypen

Mein Lerntyp

Lerntipps für den Lerntyp Sehen und Lesen

Lerntipps für den Lerntyp Hören

Lerntipps für den Lerntyp Schreiben und aktives Tun

Mein Lerntagebuch zur Selbstbeobachtung

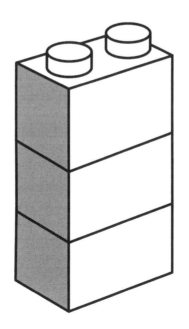

Information

3.5 | Meinen Lerntyp beachten
Lerntypen

Peter jammert: „Für die Stundenwiederholung in **Mathematik** habe ich mir die **Malrechnungen** fast eine halbe Stunde lang durchgelesen. Trotzdem habe ich in der Schule nur wenige gewusst." Lea: „Jetzt habe ich dir diese Rechnung schon so oft erklärt. Wie soll ich es dir noch erklären, damit du sie endlich verstehst?"

Kennst du solche Aussagen? Falls ja, dann hast du vielleicht zu wenig beachtet, welcher Lerntyp du bist. Was versteht man unter Lerntyp?

Jeder Mensch hat seine eigene Methode, mit der er etwas besonders gut oder gerne lernt. Manche Schüler/-innen sprechen sich die **Malreihen** laut vor, einige gehen beim Lernen auf und ab. Andere wieder schreiben sich die **Malsätzchen** auf ein großes Lernplakat.

Für das Lernen sind vor allem das Sehen, das Hören und das aktive Tun (mit den Händen, mit dem Körper) wichtige Lernkanäle. Je nach **besonders gern** benütztem Lernkanal (= Sinnesorgan) teilt man grob in folgende Lerntypen ein:

Lernen durch
Sehen/Lesen

Lernen durch
Hören

Lernen durch **Bewegung,
Schreiben, aktives Tun**

Die **meistens Menschen** verwenden beim Lernen eine **Mischung** aus diesen Lernkanälen.

Trainingsbausteine

Üben

 ## 3.5 | Meinen Lerntyp beachten

Meinen Lerntyp kennen

Warum soll ich meinen Lerntyp beachten?

Hast du dich schon einmal beim Lernen selbst beobachtet? Weißt du, wie du am leichtesten und schnellsten lernst? Mit welchem Sinnesorgan (Lernkanal) nimmst du am besten Informationen auf?

Wer über **den besten eigenen** Lernstil Bescheid weiß, kann damit die Lerngeschwindigkeit und den Lernerfolg verbessern.

Es kommt häufig vor, dass Schüler/-innen mit der falschen Methode versuchen, sich etwas zu merken. Hätte Peter die **Malreihen** nicht nur gelesen, sondern auch geschrieben, hätte er vielleicht schneller und besser gelernt.

Überlege einmal, wie du am besten und leichtesten lernst.

_____

_____

_____

_____

_____

_____

 **rainingsbausteine**

Üben

 ## 3.5 | Meinen Lerntyp beachten

Lerntipps für den Lerntyp Sehen und Lesen

Lies die Lerntipps. Kreuze drei Lerntipps an, die dir am besten gefallen. Begründe deine Wahl.

Überschriften mit verschiedenen Farben unterstreichen ☐

zu Textstellen Bilder zeichnen ☐

ein Lernplakat zu einem Thema gestalten (Bilder, Sätze, Wörter) und aufhängen ☐

kleine Stichwortzettel schreiben, auch in der Wohnung aufhängen ☐

Fragen zum Lernstoff aufschreiben und die Antworten ergänzen ☐

einen Probetest schreiben ☐

beim Lesen und Zuhören in Gedanken Bilder entstehen lassen ☐

Wörter, Wortgruppen in Texten farbig markieren ☐

Mitschriften leserlich schreiben und übersichtlich gestalten ☐

Meine Lernideen für diesen Lerntyp:

☐

_____

☐

_____

☐

_____

rainingsbausteine

Üben

 3.5 | Meinen Lerntyp beachten

Lerntipps für den Lerntyp Hören

**Lies die Lerntipps. Kreuze drei Lerntipps an,
die dir am besten gefallen. Begründe deine Wahl.**

Lernstoff laut vorsagen ☐

Fragen zu einem Lernstoff erstellen, abfragen lassen ☐

einem Mitschüler/einer Mitschülerin den Stoff erklären ☐

Lernstoff vorlesen lassen und die Information laut wiederholen ☐

Lernstoff oder schwierige Wörter vorsingen und dann schreiben ☐

im Unterricht gut zuhören ☐

nach dem Lernen mit der Lieblingsmusik belohnen ☐

den Tonfall der Stimme beim Lernen verändern ☐

beim Zuhören mit dem Fuß im Takt des Sprechens mitwippen ☐

Wörter laut buchstabieren ☐

sich beim Lernen zu Musik bewegen ☐

Meine Lernideen für diesen Lerntyp:

.... ☐

.... ☐

.... ☐

rainingsbausteine

Üben

 3.5 | Meinen Lerntyp beachten

Lerntipps für den Lerntyp Schreiben und aktives Tun

**Lies die Lerntipps. Kreuze drei Lerntipps an,
die dir am besten gefallen. Begründe deine Wahl.**

schwierige Wörter mehrere Male schreiben ☐

ein eigenes Lernplakat gestalten und in der Wohnung aufhängen ☐

Frage- und Antwortkärtchen schreiben ☐

in der Pause zwischen den Lernphasen sich immer wieder bewegen ☐

beim Lernen etwas in der Hand halten oder drücken (einen kleinen Ball) ☐

sich nach dem Lernen mit Sport belohnen ☐

Aufgaben an mehreren Plätzen erledigen ☐

beim Lernen mit den Zehenspitzen gegen die Innenseite des Schuhs klopfen ☐

sich beim Lernen bewegen, beim Lesen und Lernen gehen ☐

Texte in den Computer tippen ☐

schwierige Wörter mit dem Finger in der Luft schreiben ☐

im Unterricht Fragen stellen, um aufmerksam zu bleiben ☐

die Sitzhaltung oft wechseln, dabei dehnen und strecken ☐

Meine Lernideen für diesen Lerntyp:

Trainingsbausteine

Mein Lerntagebuch zur Selbstbeobachtung

Thema: Lerntypen

Das weiß ich schon:	Das meint mein/e Lernberater/-in

am Anfang

Das habe ich dazugelernt:	

am Ende

Das kann ich jetzt schon besser:

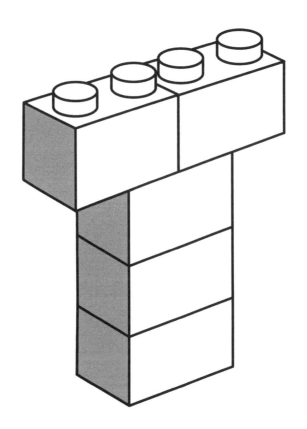 4. | **Ich kann erfolgreich lernen**

4.1 Eine positive Lerneinstellung finden

Negative Gedanken stören das Lernen

Störgedanken und Mutmacher

Störgedanken und Mutmacher – Lösungsvorschlag

 **Trainingsbausteine**

 Checkliste

🧱 4.1 | Eine positive Lerneinstellung finden
Negative Gedanken stören das Lernen

Die Schularbeit einer Schülerin in Mathematik war schlecht ausgefallen. Sie denkt sich: „Ich werde Mathematik nie verstehen. Ich vergesse sowieso wieder alles. Und es ist so langweilig, für Mathematik zu lernen. Ich gehe lieber zu meiner Freundin."

Solche Gedanken kommen oft, wenn das Lernen anstrengend wird oder sich jemand nach einer schlechten Leistung mutlos fühlt.

Negative Gedanken stören dein Lernen, diese „Störgedanken" machen dich mutlos. Was kannst du bei solchen „Störgedanken" tun? Wenn du bei dir so einen „Störgedanken" merkst, lass dir sofort einen „Mutmacher" einfallen.

Lies zuerst das Beispiel, dann versuche selbst, einen „Mutmacher" gegen deine „Störgedanken" zu finden. Nach dieser Aufwärmrunde gibt es auf der nächsten Seite mehr zu diesem Thema.

Störgedanke	Mutmacher
Ich will nicht mehr lernen.	Diese Aufgabe mache ich noch fertig, danach habe ich eine Pause verdient.
Ich kann nie etwas bei Tests.	Ich habe diesen Test nicht geschafft, weil ich zu spät mit dem Lernen begonnen habe. Das nächste Mal teile ich den Lernstoff auf mehrere Tage auf.

Üben

 4.1 | Eine positive Lerneinstellung finden

Störgedanken und Mutmacher

Lest zuerst alle Sätze durch und besprecht sie in der Klasse. Dann sucht zu den Störgedanken in der linken Spalte einen positiven Mutmacher.

Verbinde was zusammenpasst.
Bemale die passenden Paare mit der gleichen Farbe.

Störgedanke 😟	Mutmacher 😊
⬇ Ich werde mit der Aufgabe bestimmt nicht fertig.	⬆ Ich fange mit einer leichten Rechnung an.
⬇ Ich kenne mich nicht aus.	⬆ Ich lerne so gut ich kann und denke darüber nach, wie ich mich verbessern kann.
⬇ Ich weiß überhaupt nichts.	⬆ Ich lerne, wie ich meinem Gedächtnis helfen kann.
⬇ Ich bin ein schlechter Schüler, eine schlechte Schülerin.	⬆ Ich bin gut vorbereitet, also kann ich auch etwas für diesen Test.
⬇ Mathematik ist so schwierig.	⬆ Ich mache einen Lernplan für meine Arbeit.
⬇ Ich weiß für diesen Test nichts! Ich habe alles vergessen.	⬆ Ich bin jetzt in der ... Klasse. Also weiß ich schon viel.
⬇ Ich verwechsle die Wörter so leicht.	⬆ Ich frage noch einmal, wie die Aufgabe geht.

 Trainingsbausteine

Üben

4.1 | Eine positive Lerneinstellung finden

Störgedanken und Mutmacher - Lösungsvorschlag

Störgedanke :-(	Mutmacher :-)
⬇ Ich werde mit der Aufgabe bestimmt nicht fertig.	⬆ Ich mache einen Lernplan für meine Arbeit.
⬇ Ich kenne mich nicht aus.	⬆ Ich frage noch einmal, wie die Aufgabe geht.
⬇ Ich weiß überhaupt nichts.	⬆ Ich bin jetzt in der ... Klasse. Also weiß ich schon viel.
⬇ Ich bin ein schlechter Schüler, eine schlechte Schülerin.	⬆ Ich lerne so gut ich kann und denke darüber nach, wie ich mich verbessern kann.
⬇ Mathematik ist so schwierig.	⬆ Ich fange mit einer leichten Rechnung an.
⬇ Ich weiß für diesen Test nichts! Ich habe alles vergessen.	⬆ Ich bin gut vorbereitet, also kann ich auch etwas für den Test.
⬇ Ich verwechsle die Wörter so leicht.	⬆ Ich lerne, wie ich meinem Gedächtnis helfen kann.

Kennst du ähnliche Sätze aus deiner eigenen Erfahrung?
Nimm dir etwas Zeit und denke nach, welche Sätze dir einfallen.
Schreibe zwei Sätze auf. Finde dazu einen Mutmacher.

⬇	⬆
⬇	⬆

Trainingsbausteine

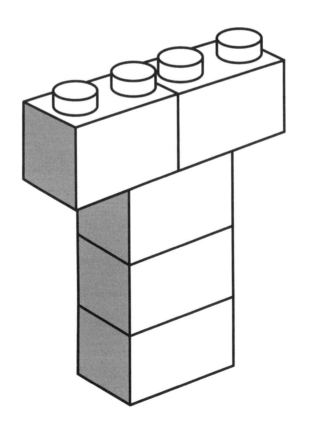

4. | **Ich kann erfolgreich lernen**

4.2 Ziele für eine Lernaufgabe setzen

Ziele beschreiben

Ziele überprüfen

Information

 4.2 | Ziele für eine Lernaufgabe setzen

Ziele beschreiben

Warum arbeitest du mit diesen Arbeitsblättern? Möglicherweise möchtest du in diesem Schuljahr erfolgreicher lernen und wissen, wie du das schaffen kannst?

> **Verbesserungen beim Lernen schaffst du, wenn du wirklich etwas ändern willst. Ein Satz wie „Du musst mehr lernen!" hilft dir dabei wenig. Oft gelingt es deshalb nicht, weil du dir zuviel vorgenommen hast. Wenn du dir denkst „Ich will in Deutsch keinen Fehler mehr machen!" kannst du dieses Ziel schwer erreichen.**

Schritt 1: Das nehme ich mir vor:
Wenn du dich in einem Lernbereich verbessern möchtest, überlege dir zuerst ein Ziel. Such dir für eine Woche ein Ziel für den Unterricht oder zu Hause aus. Wähle ein Ziel aus, das du auch erreichen kannst.

Schwierig zu erreichen	So könntest du es schaffen
Jeden Tag zwei Stunden lernen.	Eine feste Lernzeit von ... Minuten planen.
Das Zimmer immer aufräumen.	Den Schulrucksack immer mit Checkliste einpacken.
Jede Stunde 10 mal melden.	Jede Stunde ... mal melden.
Nie Fehler beim Abschreiben machen.	Beim Abschreiben genau schauen und Fehler verbessern.

Schritt 2: Stell dir den Erfolg in Gedanken vor!
Woran wirst du erkennen, dass du dein Ziel erreicht hast? Welche Vorteile ergeben sich durch das Erreichen des Ziels für dich? Wie wird es sich anfühlen, wenn du dein Ziel erreicht hast?

Schritt 3: Beobachte dich selbst und überprüfe, was du erreicht hast.
Am Ende der Woche bewertest du, ob und wie du dein Ziel erreicht hast. Es hilft, wenn du dein Ziel mit deinen Eltern oder mit deiner Lehrerin/deinem Lehrer besprichst. Lobe dich dafür, wenn dir etwas gelungen ist.

Üben

 ## 4.2 | Ziele für eine Lernaufgabe setzen

Ziele überprüfen

Susanne hat oft Ärger in der Schule, weil sie immer wieder ihre Aufgaben nicht gemacht hat. Ein Grund dafür ist, dass sie oft in der Schule die Angaben zu einer Aufgabe nicht mitschreibt. Susanne ist mit sich selbst unzufrieden und möchte sich verändern. Sie schreibt ihr Ziel auf einen Zettel und nimmt sich vor, in einer Woche zu überprüfen, was sie geschafft hat.

Mein Ziel:

Hausaufgaben erledigen

Mein erster Schritt:

Ich werde in der Schule die Hausaufgaben in mein Aufgabenheft schreiben. Ich sehe mich, wie ich mein Aufgabenheft nehme und die Aufgaben eintrage.

Vorteile, wenn ich es schaffe:

Meine Lehrerin lobt mich. Ich freue mich, dass ich genau weiß, wie ich die Aufgabe machen soll. Ich habe ein gutes Gefühl, wenn ich nach der Aufgabe meine Freundin treffe.

Jetzt versuche es mit deinem eigenen Ziel. Überlege! Was ärgert dich, was löst ein schlechtes Gefühl bei dir aus? Was möchtest du im Unterricht oder zu Hause verändern?

Mein Ziel für den Unterricht / für zu Hause:

Mein erster Schritt:

Vorteile, wenn ich es schaffe:

Trainingsbausteine

4. I   Ich kann erfolgreich lernen

4.3 Sich einen Überblick verschaffen und einen Lernplan erstellen

Tipps zur Lernplanung

Lerntipps im Überblick

Tipps zum Lernen von schwierigen Wörtern

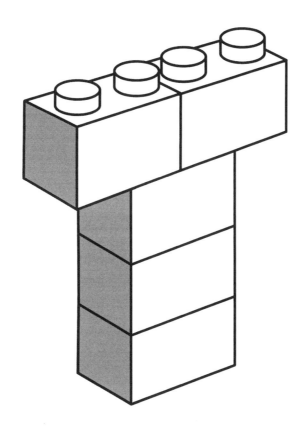

Information

 4.3 | Sich einen Überblick verschaffen und einen Lernplan erstellen

Tipps zur Lernplanung

Hast du gewusst, dass Lernschwierigkeiten bei Schüler/-innen und auch Erwachsenen durch die falsche Lernplanung entstehen?

Hier einige Tipps, wie du deinen Lernerfolg verbessern kannst.
Schreibe diese Wörter in die Lücken.

> ordne · Tage · einfachen · Pausen · wechsle · Lernportion
> Überblick · schreibe · Lernzeit

1. Ich verschaffe mir einen _____ und teile die Lernaufgaben ein.

2. Ich verteile größere Lernportionen auf mehrere _____.

3. Ich _____ die Lernaufgaben auf Zettel oder in mein Aufgabenheft.

4. Ich _____ die Lernaufgaben nach Wichtigkeit oder Schwierigkeit.

5. Ich beginne mit einer _____ Aufgabe.

6. Ich _____ zwischen mündlichen und schriftlichen Arbeiten ab.

7. Ich wähle eine für mich günstige _____.

8. Ich plane _____ zwischen den Lernaufgaben ein.

9. Ich freue mich, wenn eine _____ erledigt ist und werfe den Zettel weg oder hake die Aufgabe im Aufgabenheft ab.

Potzmann: Wie lerne ich erfolgreich? 3./4. Klasse © Brigg Pädagogik Verlag GmbH, Augsburg

Üben

 4.3 | Sich einen Überblick verschaffen und einen Lernplan erstellen

Lerntipps im Überblick

Du kennst schon viele Tipps und Hilfen, um Lernstoff gut zu behalten.
Setze die fehlenden Wörter ein. Mache zu jedem Tipp eine Zeichnung.

Zeit · Wiederholen · Portionen · Eingangskanälen · Pausen · Lerntyp

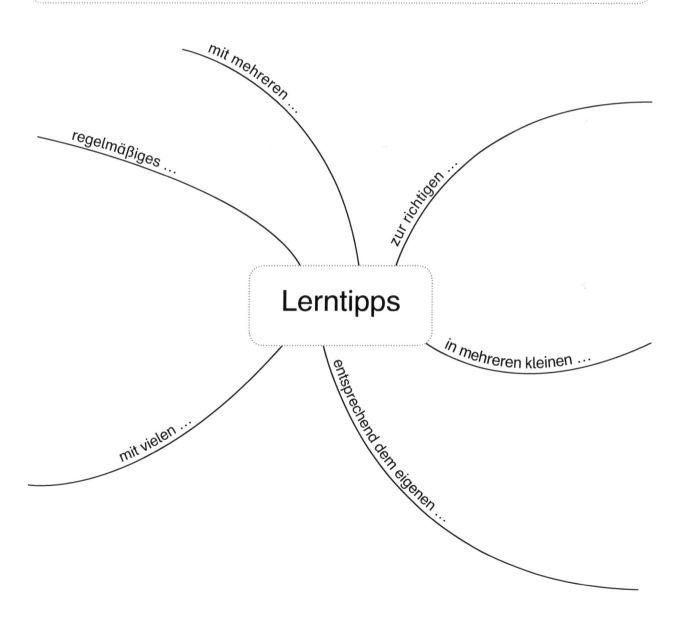

Nach Realschule Enger 2001, S. 113

 **rainingsbausteine**

Information

 4.3 | Sich einen Überblick verschaffen und einen Lernplan erstellen

Tipps zum Lernen von schwierigen Wörtern

1. Mach dir eine Liste mit den schwierigen Wörtern.

2. Teile dir die Wörter in kleine Portionen auf.

3. Beginne mit der ersten Portion. Lies jedes Wort und wiederhole das Wort im Kopf.

4. Sprich dir das Wort laut vor und schreibe es auf.

5. Lerne weiter, bis du die Portion gerade eben kannst. Lerne auf diese Weise auch die nächste Portion.

6. Wenn du mit deinen Portionen fertig bist, mach eine Pause. Stelle dir eine Eieruhr auf mindestens 10 Minuten Pause ein.

7. Nach der Pause folgt die nächste Runde des Wörter Lernens: die Wiederholung.

8. Mach dir kleine Zeichnungen zu schwierigen Wörtern.

9. Verwende die Wörter in Sätzen.

Mein eigener Lerntipp:

_____

_____

_____

_____

Potzmann: Wie lerne ich erfolgreich? 3./4. Klasse © Brigg Pädagogik Verlag GmbH, Augsburg

4. | Ich kann erfolgreich lernen

4.4 Entspannt lernen

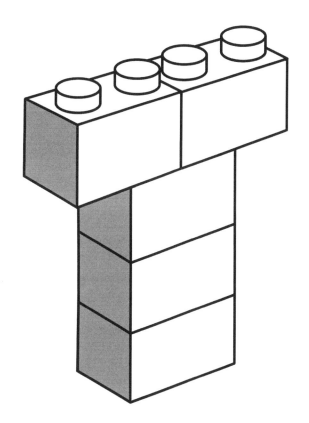

Üben

 4.4 | Entspannt lernen

Die Augen schmerzen, der Rücken auch! Eine Lernpause ist angesagt. Wer körperlich oder geistig müde ist, lernt weniger gut. In Lernpausen helfen dir in solchen Fällen Entspannungsübungen. Denke auch daran, dich in deiner Freizeit zu bewegen.

Probiere eine der Übungen in einer Pause aus!

Übung 1:
Steh auf und öffne das Fenster. Stell dich davor und dehne und strecke dich ausgiebig!

Übung 2:
Verschränke deine Hände hinter dem Kopf und drücke die Ellbogen weit nach hinten.

Übung 3:
Dusche deine Augen mit kaltem und warmem Wasser.

Übung 4:
Stehe von deinem Arbeitsplatz auf und geh etwas herum. Iss Obst und trinke ein Glas Wasser.

Übung 5:
Stell dich mit gegrätschten Beinen auf.
Lass deine Arme locker herunterbaumeln.
Schüttle deine Hände so aus, als wolltest du Wassertropfen abschütteln.

Übung 6:
Du sitzt auf einem Stuhl. Schließe deine Augen. Bleib ruhig sitzen und atme bewusst aus und ein. Öffne die Augen, dehne und strecke dich.

Lass dir von Lehrer/-innen, Eltern oder Mitschüler/-innen Tipps für Entspannungsübungen geben.

Potzmann: Wie lerne ich erfolgreich? 3./4. Klasse © Brigg Pädagogik Verlag GmbH, Augsburg

 **Trainingsbausteine**

Mein Lerntagebuch zur Selbstbeobachtung

Thema: Ich kann erfolgreich lernen

am Anfang

Das weiß ich schon:

Das meint mein/e Lernberater/-in

am Ende

Das habe ich dazugelernt:

Das kann ich jetzt schon besser:

Literaturverzeichnis

Arnold, E.:
Jetzt versteh' ich das! Bessere Lernerfolge durch Förderung der verschiedenen Lerntypen. Mülheim an der Ruhr 2000.

Asmussen, M.:
Lerntipps. Mannheim 2001.

Döbert-Nauert, M./Drecoll, F. u.a.:
Mut zum Lernen. Stuttgart 1991.

Endres, W.:
Die Kladde. St. Blasien 1999.

Gölz, G./Simon, P.:
Besser lernen. Die wichtigsten Lern- und Arbeitstechniken. Frankfurt am Main 1993.

Helms, W.:
Hausaufgaben erledigen. Wien 1995.

Hinkelday, D.:
Methodenführerschein. Donauwörth 2002.

Hofmann E./Löhle, M.:
Erfolgreich lernen. Effiziente Lern- und Arbeitsstrategien für Schule, Studium und Beruf. Göttingen 2004.

Hüholdt, J.:
Wunderland des Lernens. Bochum 1998.

Huschka, I./Biesiekierska, K.:
Strebern! Aber richtig! Betriebsanleitung für das Gehirn. Wien 1999.

Eiko Jürgens:
Fördern und fordern. In: Grundschulmagazin. Schwerpunkt: Qualität der Lernergebnisse konsequent verbessern. Verlag Oldenburg. 74. Jahrgang. /4/2006. S. 8 – 11

Koennecke, G.:
Das Lernen kannst du lernen. Stolz Verlag 2004.

Konrad, K./Wagner A.:
Lernstrategien für Kinder. Hohengehren Verlag 1999. S. 6

Körndl M.:
Mit Methode zum Schulerfolg. Grundschule. wolf verlag 2004.

Lemberger, M.:
Kompetenz Lernen, im Geschichtsunterricht in Beispielen. Baden 1999.

Ludwig, M./Ostertag, E.:
Lernen – Qual oder Zufall? Vademecum der Lernarbeit. Hollfeld 1987.

Metzig, W./Schuster, M.:
Lernen zu lernen. Lernstrategien wirkungsvoll einsetzen. Berlin 2000.

Pfeiffer, K.:
Übung der Konzentration. 1. bis 6. Klasse. Rastatt 2004.

Potzmann, R.:
Trainingsbausteine 1. Planvolles Lernen und Arbeiten in der Schule und zu Hause. GSMultimedia Wien. 3. Auflage 2007

Puchbauer-Schnabel, K.:
Die 111 besten Lern-Tipps. Wien 2002.

Poschitsch U./Müller, A.:
Praxishandbuch – Methodentraining. Auer Verlag Donauwörth 2004.

Realschule Enger (Hrsg.):
Lernkompetenz I. Bausteine für eigenständiges Lernen. Berlin 2001.

Ryan, P.:
Aufmerksamkeit trainieren. Wie geht das? Mülheim an der Ruhr 2002.

Schräder-Naef, R.:
Schüler lernen Lernen. Weinheim und Basel 1991.

Schwinghammer, H.:
Gute Noten kinderleicht. Landsberg. Wien 1989.

Teml, H.:
Zielbewußt üben - erfolgreich lernen. Lerntechniken und Entspannungsübungen für Schüler. Linz 1989.

Turecek, K.:
Einmal gelernt - nie mehr vergessen. Wien 2004.

Vester, F.:
Denken, lernen, vergessen. München 1993.

Vester, F./Beyer, G./Hirschfeld, M.:
Aufmerksamkeitstraining im Unterricht. Wiebelsheim 2002.

Vopel, W. K./Alex, S.:
Lehre mich nicht, lasse mich lernen! Teil 2. Salzhausen 1995.

Walkner, K. O.:
Funtastisches Lernen. Lernhilfe für Jugendliche, Schüler, Eltern. Baden 2001.

Notizen:

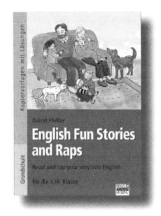